抖音电商

从入门到精通 选品策略＋爆款文案 客服话术＋用户体验

王萍 编著

清华大学出版社
北京

内 容 简 介

如何挑选用户疯购的优品？商品的爆款文案怎么写？客服应采用怎样的话术提升成交量？如何让用户的体验超出期待？

全书通过 4 大篇向大家介绍了选品策略、爆款文案、客服口才以及用户体验的基础知识和相关技巧，帮助大家快速找到适合自己的变现方法，轻松赚取高额收益！本书具体内容安排如下。

选品策略篇：主要介绍了选款定价、爆款打造的方法。
爆款文案篇：主要介绍了文案策划以及爆款标题、营销文案的写作技巧。
客服口才篇：主要介绍了带货话术和客服运营的方法和技巧。
用户体验篇：主要介绍了用户口碑打造、种草视频和直播互动的步骤和方法。

本书适合想深入了解抖音电商运营的读者，特别是想提升选品、文案、客服口才和用户体验的读者，也可以作为电商、新媒体等相关专业的教材或教辅。

本书封面贴有清华大学出版社防伪标签，无标签者不得销售。
版权所有，侵权必究。举报：010-62782989，beiqinquan@tup.tsinghua.edu.cn。

图书在版编目（CIP）数据

抖音电商从入门到精通．选品策略+爆款文案+客服话术+用户体验 / 王萍编著．—北京：清华大学出版社，2022.8（2023.11重印）
ISBN 978-7-302-61459-3

Ⅰ．①抖⋯　Ⅱ．①王⋯　Ⅲ．①网络营销　Ⅳ．①F713.365.2

中国版本图书馆 CIP 数据核字（2022）第 134904 号

责任编辑：贾旭龙
封面设计：飞鸟互娱
版式设计：文森时代
责任校对：马军令
责任印制：沈　露

出版发行：清华大学出版社
　　　　网　　　址：https://www.tup.com.cn，https://www.wqxuetang.com
　　　　地　　　址：北京清华大学学研大厦 A 座　　邮　　编：100084
　　　　社　总　机：010-83470000　　　　　　　　邮　　购：010-62786544
　　　　投稿与读者服务：010-62776969，c-service@tup.tsinghua.edu.cn
　　　　质量反馈：010-62772015，zhiliang@tup.tsinghua.edu.cn
印 装 者：小森印刷（北京）有限公司
经　　销：全国新华书店
开　　本：145mm×210mm　　　　印　　张：7.875　　字　　数：218 千字
版　　次：2022 年 10 月第 1 版　　印　　次：2023 年 11 月第 2 次印刷
定　　价：69.80 元

产品编号：096186-02

前言

随着时代不断发展，电商行业也在不断地发展中，越来越多的人想加入电商行业，但是无从下手。本书从选品策略、爆款文案、客服口才、用户体验等四个方面为你一一揭秘抖音电商的运营策略，帮你抓住电商盈利的关键。

一、选品策略

在抖音平台中，大部分视频带货与直播卖货的商家的产品都是通过选品来的，即挑选优质的、物美价廉的商品来销售，赚取差价或佣金。至于选品，本书中有许多过来人的经验可以分享给大家。

二、爆款文案

现在的文案已不仅仅是单纯的文字了。网络时代，文案力即销售力，文案中的每一个文字都具有带货属性。文案高手其实就是电脑键盘后的销售高手。好的文案，一句抵万句，胜过 100 个销售高手。

如何从用户的角度写出让人尖叫的文案？如何利用种草思维将文案变成印钞机器？本书将一一为你揭开电商带货背后的文案逻辑。

三、客服口才

电商之间的竞争日益激烈，导致现在商家对于客服人员的要求逐渐提高。同时，由于网络成交的属性，客服人员在一定意义上来说，也就是销售人员。因此，客服人员话术的好坏，也直接决定了销售额的高低。

如何在提高客服人员业务水平、店铺销售额和口碑的同时，轻松应对各类买家，实现零差评服务是一项技术活。因此要想抓住每一笔订单，就需要商家花费时间去打造一个既懂顾客又会销售的客服。

四、用户体验

现在的商品，价格都非常透明，商家之家比拼的是什么？是用户体验，哪家的商品下单方便、支付容易、服务周到、用户口碑好，谁就能拥有更多的客户。本书将教你站在客户的立场，打造出让自己都感动的交易体验。

需要特别提醒的是，在编写本书时，笔者是基于当前各平台和软件截取的实际操作图片，但书从编写到出版需要一段时间，在这段时间里，软件界面与功能会有调整与变化，比如有的内容删除了，有的内容增加了，这是软件开发商做的更新，请在阅读时根据书中的思路举一反三进行学习。

本书由王萍编著，参与编写的人员还有叶芳、赵厚池、陈进等，在此表示感谢。由于作者知识水平有限，书中难免有错误和疏漏之处，恳请广大读者批评、指正。

编　者

2022 年 7 月

01 选品策略篇

第1章 选品：选出热销货源 002

1.1 选品定律：在众多款式里选出爆款 003
- 1.1.1 抖音平台的产品调性讲解 003
- 1.1.2 选品是打造爆款必不可少的一步 004
- 1.1.3 选品时需要注意的细节 005
- 1.1.4 抖音产品选择的极致玩法 006
- 1.1.5 从选品到爆款培养操作流程 008

1.2 产品定位：从精准的产品定位确定商品款式 010
- 1.2.1 产品定位之货源选择分析 010
- 1.2.2 产品定位之目标市场分析 011
- 1.2.3 抖音店铺精准定位技巧 012
- 1.2.4 产品选款的5大基本方案 013
- 1.2.5 店铺产品选款方法 014

1.3 产品定价：掌握正确合理的抖音爆款定价规律 017
- 1.3.1 定价的基本原则 017
- 1.3.2 采用单品组合定价带动店铺销量 018
- 1.3.3 给商品定价的3个小建议 019

| | 1.3.4 | 打破抖音同质化价格竞争的技巧 | 020 |

第 2 章　带货：爆款带货公式 025

2.1　爆款打造：无爆款，不电商 026
- 2.1.1　抖音爆款打造四部曲 026
- 2.1.2　五招让基础销量轻松破零 027
- 2.1.3　寻找关键词打造爆款标题 029
- 2.1.4　看懂爆款产品的数据特征 031

2.2　带货工具：助力抖音电商的爆款打造 034
- 2.2.1　精选联盟：撮合商品和达人的 CPS 平台 034
- 2.2.2　小店随心推：实现广告和电商全方位融合协同 035
- 2.2.3　巨量千川：助力精细化带货运营 036
- 2.2.4　DOU＋：帮助创作者提高内容热度的营销工具 039
- 2.2.5　视频榜单：提升平台内容和交易体验 044
- 2.2.6　营销活动：快速炒热卖货氛围 045

2.3　带货技巧：用价值促进爆款转化率 046
- 2.3.1　解决痛点：满足用户的基础需求 046
- 2.3.2　提供爽点：满足用户即刻的需求 048
- 2.3.3　打造痒点：实现用户的美好梦想 049

02　爆款文案篇

第 3 章　文案：创作优质内容 052

3.1　文案内容：产品内容全面覆盖 053
- 3.1.1　准确描述时间和特点 053

	3.1.2	准确体现产品针对性	054
	3.1.3	准确使用描述形容词	056
	3.1.4	准确体现产品独特性	057
	3.1.5	精准表达产品拥有感	058

3.2 文案策划：助你提升产品销量 058
- 3.2.1 6种视频成交文案 058
- 3.2.2 5个口播文案的切入点 059
- 3.2.3 3种视频文案带货效应 060

3.3 脚本文案：根据产品卖点设计 061
- 3.3.1 视频脚本策划的前期准备 061
- 3.3.2 产品视频脚本策划4步法 065
- 3.3.3 找产品卖点的4个渠道 069
- 3.3.4 策划视频脚本，展现产品精华 070
- 3.3.5 高销量产品的带货脚本创作要点 071
- 3.3.6 商品轮播视频的脚本策划 072
- 3.3.7 提炼的痛点要符合消费者的需求 075

第4章 标题：提升点击次数 076

4.1 爆款标题的创作核心：轻松获取更多阅读量 077
- 4.1.1 标题核心：一句话也有不少学问 077
- 4.1.2 标题方向：离爆文更进一步 078
- 4.1.3 关键词：快速拆解爆文标题关键词 085
- 4.1.4 标题工具：一键生成标题提升效率 087
- 4.1.5 标题库：提升创造好标题的能力 089

4.2 爆文标题类型：形成自己的文案标题框架 091
- 4.2.1 热点借势型：调动用户的好奇心 091
- 4.2.2 一本正经型：将基本要素告诉用户 093
- 4.2.3 颠覆认知型：让用户有点击的欲望 093
- 4.2.4 经验分享型：授之以鱼不如授之以渔 094
- 4.2.5 扣住"十大"型：比普通更具影响力 095
- 4.2.6 论述观点型：告诉用户重要观点 095

4.2.7 对比突显型：告诉用户产品的特色 096
4.2.8 统计冲击型：与用户心灵产生碰撞 097
4.2.9 疑惑自问型：帮助用户答疑解惑 097
4.2.10 网络词汇型：分秒夺人眼球 098

第5章 营销：激发购买欲望 100

5.1 营销目标：达到事半功倍的带货效果 101
5.1.1 调研：知彼知己，百战不殆 101
5.1.2 热点：与文案结合吸引眼球 103
5.1.3 排版：高质量文案的形象 103
5.1.4 平台：借助渠道努力扩展 104

5.2 把握用户心理：让文案内容营销更引人入胜 107
5.2.1 痛点＋文案＝激发购买欲 107
5.2.2 情景＋文案＝推动购买欲 108
5.2.3 视频＋文案＝增加说服力 109
5.2.4 话题＋文案＝提升吸引力 110
5.2.5 卖点＋文案＝提高销售量 110
5.2.6 口碑＋文案＝扩大传播范围 111

5.3 重点写作：打造爆款抖音短视频文案 112
5.3.1 规范化写作：获得大众认可 112
5.3.2 结合热点：获得更多短视频热度 113
5.3.3 生动表达：促使视频内容趣味化 114
5.3.4 精准定位：赢得消费者关注 114
5.3.5 添加创意：让带货视频脱颖而出 115

5.4 规避错误：避免文案影响带货效果 116
5.4.1 错误一：中心不明确 117
5.4.2 错误二：求全不求精 117
5.4.3 错误三：有量没有质 117
5.4.4 错误四：脱离市场情况 119

03 客服口才篇

第 6 章 口才：增加下单数量 ... 124

6.1 语言能力：打造一流的带货口才 ... 125
- 6.1.1 表达语言：提高抖音内容的质量 ... 125
- 6.1.2 聊天语言：让你的直播间嗨翻天 ... 127
- 6.1.3 销售语言：提高主播的变现能力 ... 129

6.2 语句模板：让产品更容易卖出去 ... 131
- 6.2.1 介绍法：把产品优点讲出来 ... 131
- 6.2.2 赞美法：让观众更向往产品 ... 132
- 6.2.3 强调法：重要的话要说三遍 ... 133
- 6.2.4 示范法：创造真实场景模式 ... 134
- 6.2.5 限时法：直接解决顾客犹豫 ... 135

6.3 营造氛围：构筑销售氛围避免冷场 ... 136
- 6.3.1 开场招呼：念出观众的名字 ... 137
- 6.3.2 时间压力：善用语言魅力带货 ... 137
- 6.3.3 暖场互动：拉近与观众的距离 ... 139
- 6.3.4 观众提问：积极回复引导互动 ... 139
- 6.3.5 卖货技巧：把气势和氛围做足 ... 143

第 7 章 客服：打造金牌客服 ... 145

7.1 读懂顾客：轻松提高成交率 ... 146
- 7.1.1 分析心理：知道顾客心中所想 ... 146
- 7.1.2 端正态度：扮演好客服的角色 ... 148

7.1.3　产品介绍：增强产品的吸引力 150
7.1.4　消除疑虑：给顾客吃颗定心丸 151
7.1.5　会听会问：做"懂事"的客服 153
7.1.6　激发欲望：顾客主动掏钱下单 155
7.1.7　灵活沟通：光靠说话也能圈粉 157
7.1.8　消除抱怨：增加顾客的满意度 158
7.1.9　顾客留存：让顾客舍不得离开 159

7.2　处理售后：再次助推成交率 161
7.2.1　好评获取：轻松获得无数点赞 161
7.2.2　差评处理：将差评转化为好评 162
7.2.3　解决投诉：化解危机重塑信心 162

7.3　回复评论：营造消费的氛围 163
7.3.1　评论运营，主要作用 163
7.3.2　回复评论，注意 8 点 166

04 用户体验篇

第 8 章　口碑：形成自动裂变 178

8.1　口碑打造：让抖音店铺好评如潮 179
8.1.1　消费者与口碑之间的关系无比密切 179
8.1.2　让消费者主动帮助我们推销产品 180
8.1.3　口碑是一种非常高效的传播方式 183
8.1.4　好口碑始于准确无误的定位 186
8.1.5　体验与口碑之间有千丝万缕的联系 187

8.2 粉丝裂变：将用户变成产品推销员 190
8.2.1 诚信的经营，获得顾客青睐 190
8.2.2 用品质说话，获得铁杆粉丝 191
8.2.3 用名人效应，扩大粉丝基数 193
8.2.4 敢于做承诺，并将承诺兑现 194
8.2.5 福利活动，增强粉丝忠诚度 194
8.2.6 超高性价比，抓住用户的心 195
8.2.7 透明化经营，获得粉丝信赖 196

第 9 章 视频：场景置入体验 198
9.1 "种草"视频：向粉丝推荐好的商品 199
9.1.1 电商短视频的 3 种类型 199
9.1.2 为什么要发布"种草"视频 199
9.1.3 "种草"视频有哪些类型 200
9.1.4 什么样的"种草"视频能火 201
9.1.5 制作轮播视频内容的优势和注意事项 201

9.2 禁忌和要求：小心别犯这些错误 203
9.2.1 禁忌 1：广告质量问题 203
9.2.2 禁忌 2：内容质量问题 203
9.2.3 禁忌 3：格式低质问题 204
9.2.4 要求：视频封面的标准 204
9.2.5 要求：内容优质，画质清晰 205

9.3 制作技巧：轻松拉动产品销量 206
9.3.1 标题技巧：快速吸引用户 206
9.3.2 人设定位：规划内容路线 207
9.3.3 产品引出：场景植入自然 208
9.3.4 产品功能：形成标签记忆 209
9.3.5 文案创作：踩中用户痛点 210

第 10 章 互动：增加店铺人气 212
10.1 直播互动：吸引粉丝疯狂参与 213
10.1.1 达人购物红包 213

- 10.1.2 达人专属营销 215
- 10.1.3 "超级福袋"抽奖 217
- 10.1.4 闪购功能 218
- 10.1.5 直播间粉丝券 220
- 10.1.6 直播间优惠券 225
- 10.1.7 求讲解功能 227
- 10.1.8 直播间奖励活动 227

10.2 活动玩法：提高用户下单的积极性 228

- 10.2.1 拍卖活动 228
- 10.2.2 秒杀活动（限时限量购） 229
- 10.2.3 拼团活动 230
- 10.2.4 定时开售活动 231
- 10.2.5 促成交活动 232
- 10.2.6 裂变营销活动 233
- 10.2.7 定金预售活动 233
- 10.2.8 百亿补贴活动 234
- 10.2.9 大促活动 236
- 10.2.10 多件优惠活动 236

01　选品策略篇

Chapter 01

第1章
选品：
选出热销货源

在经营抖音网店时，生意的好坏首先取决于产品的优劣，选择什么样的产品去卖非常重要。打造爆款的首要条件就是选款定价，只有高性价比的产品才能经得起市场的考验，才能长久地立于市场高地。

1.1 选品定律：在众多款式里选出爆款

很多商家看到别人店铺中的爆款多、销量好，难免会心生羡慕。其实，只要你用对方法，也可以选到爆款产品。

本节先来分析一下店铺的选款原则，商家只有掌握了这些选款原则，才能在众多类目款式里选出爆款。

1.1.1 抖音平台的产品调性讲解

笔者用一个简单的比喻来解释什么是主营类目，如果将抖音商城看成一个线下商场，则主营类目就是商场里的商品分区，商家需要针对自己的商品类型选择合适的商品分区。

因此，抖音商家在入驻时，就需要选择正确的主营类目。抖音的主营类目包括普通商品、虚拟商品和医药健康三大模块，如图1-1所示。

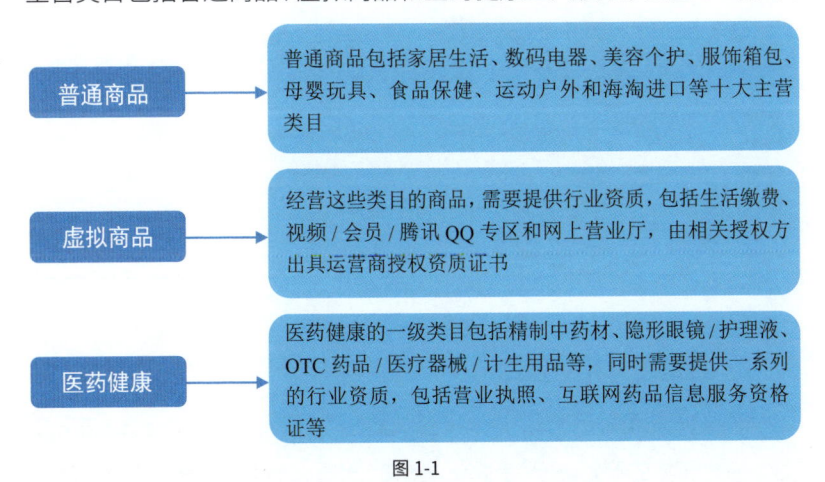

普通商品 → 普通商品包括家居生活、数码电器、美容个护、服饰箱包、母婴玩具、食品保健、运动户外和海淘进口等十大主营类目

虚拟商品 → 经营这些类目的商品，需要提供行业资质，包括生活缴费、视频/会员、腾讯QQ专区和网上营业厅，由相关授权方出具运营商授权资质证书

医药健康 → 医药健康的一级类目包括精制中药材、隐形眼镜/护理液、OTC药品/医疗器械/计生用品等，同时需要提供一系列的行业资质，包括营业执照、互联网药品信息服务资格证等

图1-1

> **特别提醒**：对于部分主营类目的商品，需要提供相关的行业资质才能发布，行业资质相当于这些商品分区的门槛，只有跨过这道门槛才能顺利上架商品。

1.1.2 选品是打造爆款必不可少的一步

抖音平台的流量红利非常大，但是这些流量是需要商家自己去争取的，其中最重要的一步就是选款，这是在抖音上获取流量、打造爆款的关键环节。笔者认为，抖音选款必须重点把握以下两个原则。

1．寻找时下的流行产品

现在这个时代，流行就等于流量，因此想要运营好店铺就需要商家有强大的洞察力，能够跟上市场的流行步伐。如何做到这一点呢？有经验的商家可以根据自己所在行业的热点事件预判市场变化，新手商家则可以借助数据分析平台发现流行属性。图1-2所示为蝉妈妈数据分析平台，在这个平台可以查看实时销量榜单。

图 1-2

2．打造差异化的产品

随着抖音商家不断增多，平台流量也在不断被打散，此时如果商家没有差异化的产品，则会面临严重的同质化竞争，没有优势的产品很难吸引用户。满足常规化选款的所有要求后，这个产品可以算得上是一个优质产品了，大卖家做到这一步后，凭借本身的品牌、粉丝和推广等优势，通常就很容易打造出爆款了。

但是，中小卖家不能仅仅依靠常规化选款，而应该在"求升"的环节再做提升，打造个性化的卖点优势，这样才能吸引用户快速下单。

例如，图1-3所示的打底裤，除了具有加绒加厚的基本保暖特征外，还有"蜜蜂纽扣"这一亮点，能满足个性化的用户需求。

图 1-3

如果商家打算吸引更细分的人群，产品特点就很重要了。产品的差异化就是吸引细分消费者的卖点。商家可以先分析同类产品，总结这些产品的特点，然后在自己的产品上打造差异化的特点功能。商家也可以观察竞品评价中涉及的优缺点，然后在自己的产品上弥补其中的缺点。

1.1.3 选品时需要注意的细节

价格实惠的高性价比产品是比较受抖音平台青睐的，除了这一特点外，商家在选款时还需要注意一些细节，如图1-4所示。

选款时需要注意的细节：
- 产品的款式与流行趋势和店铺风格定位相符合，并且产品的颜色分类和尺码等属性必须全面
- 产品应该具有一定的性价比优势，同时也能保证利润
- 符合市场偏好的应季产品，方便报名参与各种官方活动，获得更多的推广机会和更高的展现率

图 1-4

爆款是所有商家追求的，显而易见，其主要特点就是非常火爆，具体表现为流量高、转化率高和销量高。

不过，爆款通常并不是店铺的主要利润来源，因为大部分爆款都是性价比比较高的产品，这些产品的价格相对来说比较低，因此利润空间也非常小。商家在规划选品时，建议一个店铺只选择 1～2 件产品打造爆款即可。尤其是在打造爆款前期，尽量不要考虑盈利，要把利润降低，具体可以设置在 −1%～0。也就是说，商家即使完全不赚钱，甚至亏一点点钱，也要把爆款打造出来。

1.1.4 抖音产品选择的极致玩法

做爆款要先学会选款，爆款产品本身可以很普通，但一定要大众，除了产品本身的基本功能之外，还需要一些亮点，如运营模式、推广模式或市场定位等，这些因素是决定爆款能否成功的关键。下面介绍一些抖音产品选择的极致玩法。

（1）选择其他平台排名榜的热销产品

例如，商家可以使用淘宝网的"1688 热销市场"工具，进入"推荐热销榜单"，里面有核心商家专属、护肤彩妆、数码电脑等各种榜单，从中便可找到成交指数比较高的产品，作为爆款产品的参考。图 1-5 所示为"推荐热销榜单"。

图 1-5

（2）选择首页/竞价活动的产品

这些产品能够上到平台首页，说明它们是经过测试的、有爆款潜质的产品。

第 1 章 选品：选出热销货源

（3）销量低、竞争小的冷门类目

这些行业的整体搜索人气比较低，商家可以多开几个小类目的店铺，提升商品的搜索展现量。

（4）淘宝平台的 TOP20 万词表

商家可以在百度搜索 TOP20 万词表，并下载无线端的 TOP20 万词表，其中会根据搜索人气指标从上到下对各个产品关键词进行排序，可以找到同类目下比较火的产品，如图 1-6 所示。

图 1-6

（5）蹭热度产品

商家可以通过微博、百度搜索风云榜等工具寻找当下的热点事件，如娱乐新闻、电影、电视剧、综艺节目、动漫作品、小说、游戏以及人物等，开发一些热点周边的同款产品作为参考，如图 1-7 所示。

图 1-7

1.1.5　从选品到爆款培养操作流程

抖音开店有很多注意事项,商家首先要做的就是确定店铺的经营风格和目标用户,并以此进行选款。一个产品之所以能够成为爆款,深受消费者喜欢,一定要有它自己的独特之处,这是区别于其他同款产品的优势所在。下面介绍抖音从选款到爆款培养的操作流程。

1．选款时间：截流选款

截流选款的重点在于"截流",虽然操作方法和大盘选款差不多,但不是找排名靠前的店铺和产品数据,而是找排名稍微靠后的,同时以搜索流量为主要依据。爆款产品通常有一个生命周期,如图1-8所示,截流选款就是选择出生期和成长期的爆款来打造同款。

图 1-8

这些爆款产品通常处于起步期,拥有较大的爆款潜力,是商家做爆款主要的竞争对象。商家可以从中找一些销量不高,没有使用推广工具,且运营不是很好的店铺,来做性价比更高的同款,然后利用付费推广截流反超。

2．选款规划：店铺风格

除了要注重选款时间,还需要对店铺进行规划,确保所选产品符合店铺的整体风格定位,不要随意上架商品,这样店铺很难获得精准的人群标签,系统也就无法为店铺推送精准流量。因此,店铺风格一定要做到专注统一,具体原则如图1-9所示。

3．选款独特：找准需求

店铺选款不是简单地模仿同款产品,别人能做到爆款肯定是有其独有的优势，即使是同款产品，你也许付出更多的推广成本也难以与之竞争。

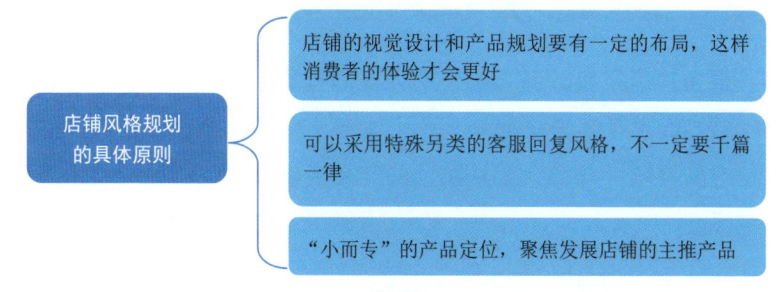

店铺风格规划的具体原则
- 店铺的视觉设计和产品规划要有一定的布局，这样消费者的体验才会更好
- 可以采用特殊另类的客服回复风格，不一定要千篇一律
- "小而专"的产品定位，聚焦发展店铺的主推产品

图 1-9

其实，商家在选款时，更重要的是找到市场需求和用户需求，如果这些需求还没有得到满足，那么你就有机会。因此，独特的选款非常重要，商家要尽可能做自己有独特优势的产品。

例如，同样是家纺床垫产品，图 1-10 左图的商品销量超过 1 万件，毫无疑问是一个爆款产品，但采用的是低价引流策略，利润极低，甚至没有利润或者是亏损的；而图 1-10 右图中的商品突出了"环保椰棕，安全放心"的独特优势，产品销量虽然只有 300 多件，但起步价格是前者的 10 倍，利润明显会更高。

图 1-10

1.2 产品定位：从精准的产品定位确定商品款式

很多抖音平台的商家都是初入电商行业的新手，产品货源是一大问题，而且不知道从何处入手。本节主要介绍抖音电商的产品定位和选款技巧，帮助大家从精准的产品定位来确定商品款式，赢在起跑线上。

1.2.1 产品定位之货源选择分析

开网店找货源是中小型商家必须经历的过程，例如，女装店铺的货源主要包括档口货品、授权货品、工厂货品和一件代发等渠道，商家要对比和分析这些渠道的优劣，来选择适合自己的货源渠道。

1. 货源获取方式

通常情况下，抖音电商中货源的获取方式分为线上货源渠道和线下货源渠道两种，如图1-11所示。

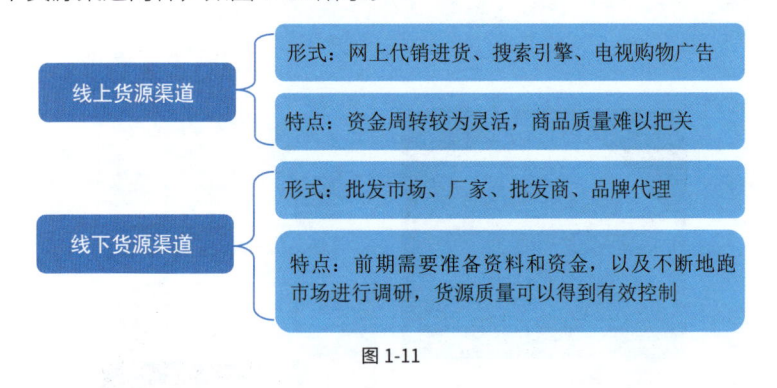

- 线上货源渠道
  - 形式：网上代销进货、搜索引擎、电视购物广告
  - 特点：资金周转较为灵活，商品质量难以把关
- 线下货源渠道
  - 形式：批发市场、厂家、批发商、品牌代理
  - 特点：前期需要准备资料和资金，以及不断地跑市场进行调研，货源质量可以得到有效控制

图1-11

2. 消费人群定位

要选出好的货源，商家需要针对不同的消费人群进行店铺定位，包括价格定位、人群定位和款式定位3个方面，如图1-12所示。

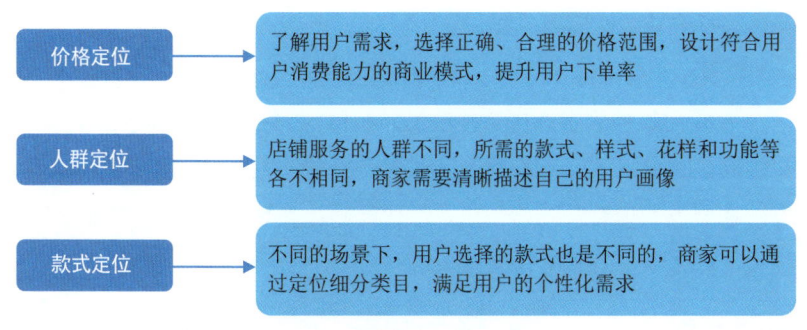

价格定位	→	了解用户需求，选择正确、合理的价格范围，设计符合用户消费能力的商业模式，提升用户下单率
人群定位	→	店铺服务的人群不同，所需的款式、样式、花样和功能等各不相同，商家需要清晰描述自己的用户画像
款式定位	→	不同的场景下，用户选择的款式也是不同的，商家可以通过定位细分类目，满足用户的个性化需求

图 1-12

1.2.2　产品定位之目标市场分析

产品定位的目标市场分析主要是确定产品在目标市场所处的位置，准确的定位可以有效提高店铺转化率，市场定位的主要工作如图 1-13 所示。

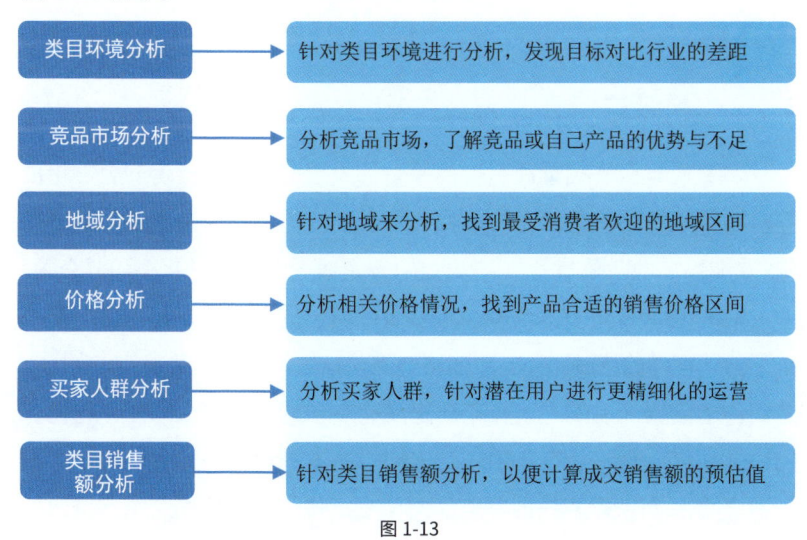

类目环境分析	→	针对类目环境进行分析，发现目标对比行业的差距
竞品市场分析	→	分析竞品市场，了解竞品或自己产品的优势与不足
地域分析	→	针对地域来分析，找到最受消费者欢迎的地域区间
价格分析	→	分析相关价格情况，找到产品合适的销售价格区间
买家人群分析	→	分析买家人群，针对潜在用户进行更精细化的运营
类目销售额分析	→	针对类目销售额分析，以便计算成交销售额的预估值

图 1-13

市场定位是我们在分析产品定位时不得不提的一个词，商家必须了解市场定位和产品定位的区别。

（1）市场定位

主要目的是确定目标消费者的市场，商家可以通过地域、性别和年龄等标准综合选择用户群。

(2) 产品定位

主要目的是确定选择哪种产品满足目标消费市场的需求。例如，有些商家有自己的工厂货源，同时有一定的产品款式和生产规模，则可以将自己的现有款式与市场行情进行对比，快速定位受欢迎的产品款式，具体步骤如图 1-14 所示。

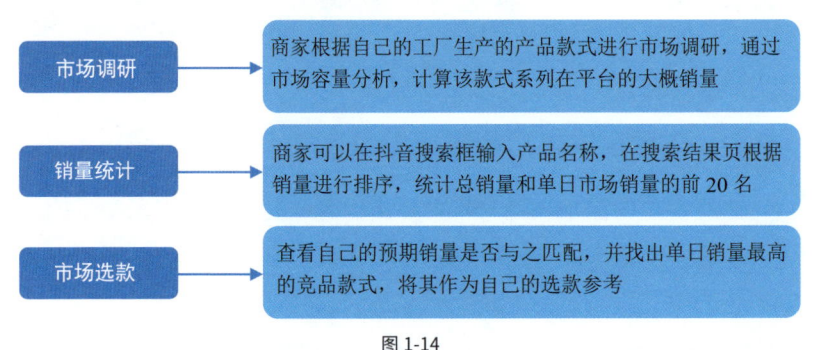

市场调研	商家根据自己的工厂生产的产品款式进行市场调研，通过市场容量分析，计算该款式系列在平台的大概销量
销量统计	商家可以在抖音搜索框输入产品名称，在搜索结果页根据销量进行排序，统计总销量和单日市场销量的前 20 名
市场选款	查看自己的预期销量是否与之匹配，并找出单日销量最高的竞品款式，将其作为自己的选款参考

图 1-14

1.2.3 抖音店铺精准定位技巧

精细化运营是目前所有电商平台的发展方向，如抖音的个性化推荐机制就是精细化运营下的一种典型表现。抖音平台会通过大数据算法，更加精准地匹配商品和目标人群，从而提升商品的转化率和成交额。

在这种大背景下，商家一定要做好自己的店铺定位，否则如果系统无法识别你的店铺定位，那么也就无法给你推荐精准的流量。这样，看到你的店铺商品的人，可能都是没有需求的人，那么即使你花再多的钱做推广，也是无济于事的，只能是白白浪费金钱和流量。

因此，商家需要先做好店铺的精准定位，然后根据这个定位风格选择商品，使店铺的整体风格更加清晰，这样抖音平台也可以给你的店铺打上更加明确的标签，同时匹配更精准的用户浏览店铺。

商家可以通过店铺定位快速找到市场的着力点，并开发或选择符合目标市场的商品，避免店铺走弯路，这样才有更高的提升空间，同时可以让商品能够更好地满足用户需求，把商品卖给有需要的人。店铺精准定位的具体方法如图 1-15 所示。

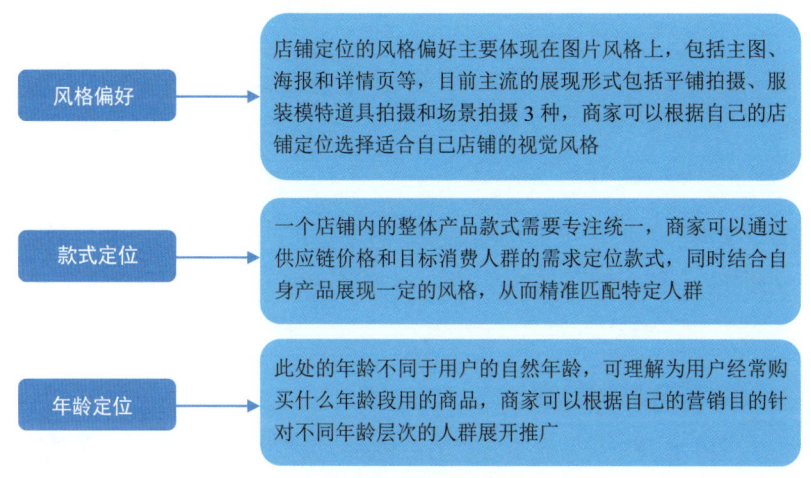

风格偏好　店铺定位的风格偏好主要体现在图片风格上，包括主图、海报和详情页等，目前主流的展现形式包括平铺拍摄、服装模特道具拍摄和场景拍摄 3 种，商家可以根据自己的店铺定位选择适合自己店铺的视觉风格

款式定位　一个店铺内的整体产品款式需要专注统一，商家可以通过供应链价格和目标消费人群的需求定位款式，同时结合自身产品展现一定的风格，从而精准匹配特定人群

年龄定位　此处的年龄不同于用户的自然年龄，可理解为用户经常购买什么年龄段用的商品，商家可以根据自己的营销目的针对不同年龄层次的人群展开推广

图 1-15

1.2.4　产品选款的 5 大基本方案

选款后通常都需要进行测款，这对于中小型卖家来说是一笔很大的开销。如果商家能够在选款时就选出一个优秀的款式，即可有效减少测款的成本。下面介绍抖音商家选款的 5 大基本方案，如图 1-16 所示。

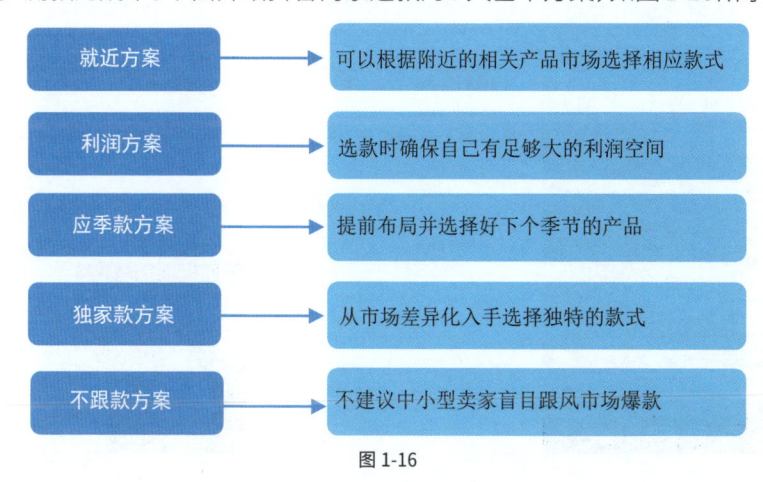

就近方案　→　可以根据附近的相关产品市场选择相应款式

利润方案　→　选款时确保自己有足够大的利润空间

应季款方案　→　提前布局并选择好下个季节的产品

独家款方案　→　从市场差异化入手选择独特的款式

不跟款方案　→　不建议中小型卖家盲目跟风市场爆款

图 1-16

> **特别提醒**
>
> 选款决定生死，决定你后面的推广是否有效。就算勉强推广起来，后期维护成本也会很高，而且运营更加困难。
>
> 商家可以通过搜索转化率、收藏加购率、UV（Unique Visitor，独立访客）价值和点击率这4个维度综合考量，分析产品是否有竞争力，从而选出最优秀的款式。

1.2.5 店铺产品选款方法

在抖音App中产品选款主要有两种方式，一种是在App内部官方的"抖in爆款榜"进行选款，另一种是通过第三方平台数据进行选款。下面我们看一下这两种方式的具体情况。

1. "抖in爆款榜"

"抖in爆款榜"是官方以平台商品数据和用户的消费行为为基础而形成的爆款榜单。商家在进行选款之前可以去这个榜单了解一下抖音中最近热卖的产品。

商家进入抖音首页，点击右上方的🔍按钮，如图1-17所示。进入搜索页面，❶输入"抖in爆款榜"；❷点击"搜索"按钮，如图1-18所示。点击"抖in爆款榜"按钮，如图1-19所示。

图1-17　　　　图1-18　　　　图1-19

"抖 in 爆款榜"里面有"人气爆款榜单"以及"今日主推爆款"等，如图 1-20 所示，"抖 in 爆款榜"还有"好物热卖榜单"，里面对好物进行了分类，如图 1-21 所示。商家可以根据这个榜单选择热卖的产品来售卖。

图 1-20

图 1-21

2. 第三方平台

蝉妈妈是抖音最常用的数据分析平台。商家除了可以在"抖 in 爆款榜"选款以外，还可以使用蝉妈妈进行选款。

进入蝉妈妈首页，❶选择"商品"选项；❷选择"抖音销量榜"选项，如图 1-22 所示。

执行操作后，便可以看到抖音热销商品的榜单，如图 1-23 所示。此外，还可以查看每个商品的昨日销量、销售额、月销量以及 30 天转化率等数据。

并且这个榜单还有日榜、周榜、月榜，商家可以了解抖音每日、每周、每月热销的商品，以便更好地选品。除了抖音销量榜以外，还有抖音热推榜，如图 1-24 所示，商家可以将销量榜和热推榜相结合，选择一些热销的商品。

抖音电商从入门到精通：选品策略 + 爆款文案 + 客服话术 + 用户体验

图 1-22

图 1-23

图 1-24

此外，蝉妈妈平台还有一个"选品库"栏目，商家也可以在"选品库"中进行选款，如图 1-25 所示。

图 1-25

1.3 产品定价：掌握正确合理的抖音爆款定价规律

每个价格段都有专属的消费人群，商家进行价格定位，就是要找到最适合自己产品的价格，同时考虑如何做到利润和销量的最大化。

1.3.1 定价的基本原则

便宜其实并不是抖音受欢迎的主要原因，大家之所以喜欢抖音，主要是因为产品的性价比非常高。俗话说"便宜没好货"，但抖音打破了这种观念，价格便宜实惠，让用户买得放心。

尽管抖音的产品价格普遍都很低，并且商家还要承担运费，但只要产品销量达到一定的程度，还是会有不错的利润，而且能获得极大的流量，带动其他利润款的产品销量。

因此，商家在给产品定价时，需要符合一个基本原则，那就是"满足用户追求经济实惠和高性价比的消费心理"。下面介绍一些抖音产品的基本定价方法，如图 1-26 所示。

利润空间值	商家在定价时，首先要了解自己的产品成本价，然后选择合适的利润空间值，商家可以参考卖得好的同行或同款产品的利润空间值，然后根据这些数据，分析用户可以接受的价格区间
预留降价空间	可以将产品前期的价格定高一些，因为前期的展现量不会太多，因此价格的高低对流量的影响不大。这样做对于产品后期参加活动来说，可以预留更多的降价空间
做好推广预算	定价时需要考虑推广的成本预算，保证产品的ROI（return on investment，投资回报率），保证商家不至于亏本，同时尽可能让所有的花费都能够有所收获

图 1-26

特别提醒

例如，引流款的主要作用是为店铺商品引流，为店铺带来更多潜在消费者。引流款产品主要用于走量，因此性价比也非常高，但利润比爆款产品要稍微高一些，在不亏本的基础上上浮一点点，通常利润预期为 0～1%。

引流款要起到为整个店铺引流的作用，件数就不能设置得太少，建议一个店铺可以设置 5 个引流款产品，降低商家的成本投入。同时，可以将引流款产品与爆款产品结合起来为店铺引流，这样效果会更好。

1.3.2 采用单品组合定价带动店铺销量

很多店铺会采用单品组合定价的方式带动全店的销量。例如，有些店铺主推的是 9.9 元的产品，但成交更多的是 29.9 元的套装产品，这是因为大家觉得组合装更加实惠。

店铺常见的组合款式包括"引流款＋利润款＋形象款"。引流款的目的不是赚钱，而是吸引流量，带动店铺中其他产品的销售。店铺的最终目标都是盈利，想要盈利就离不开利润款产品。可以说，店铺中除了爆款和引流款，其他产品都是用来产生收益的。

利润款产品的重点在于计算合理的利润率，商家可以根据商品预期利润率的估值设定。利润款产品的主要特点就是利润高，但流量比较低。在规划店铺的利润款产品时，可以运用"二八原则"，即 20% 的产品为商家带来 80% 甚至更多的利润。利润款产品的运营技巧如图 1-27 所示。

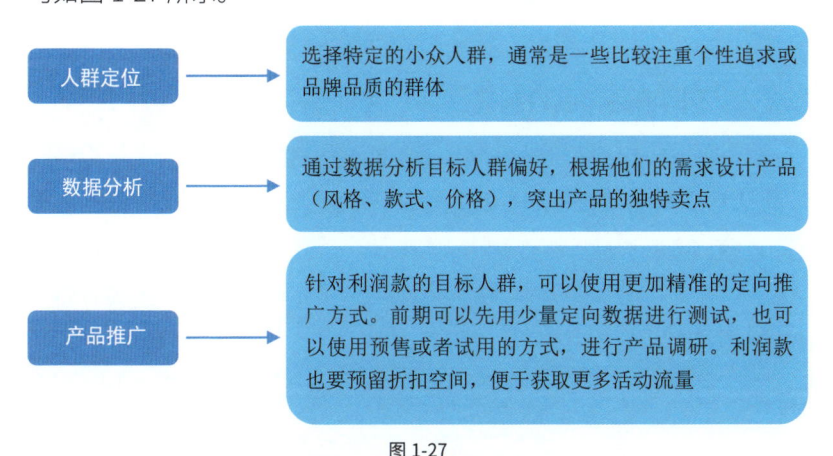

人群定位 → 选择特定的小众人群，通常是一些比较注重个性追求或品牌品质的群体

数据分析 → 通过数据分析目标人群偏好，根据他们的需求设计产品（风格、款式、价格），突出产品的独特卖点

产品推广 → 针对利润款的目标人群，可以使用更加精准的定向推广方式。前期可以先用少量定向数据进行测试，也可以使用预售或者试用的方式，进行产品调研。利润款也要预留折扣空间，便于获取更多活动流量

图 1-27

1.3.3 给商品定价的 3 个小建议

抖音商家在做产品定价时，一定要多参考和分析同行和同款产品，甚至其他平台的同款产品，同时还要结合店铺评分和信誉等因素合理定价，使店铺能够快速做大做强。针对抖音商家的商品定价，笔者给出了以下 3 个小建议。

1. 核算成本，掌控利润

如今的电商成本不再是简单的商品进货成本，更多的其实是运营成本，如人工、场地、推广和售后等，人工和场地只是小成本，获客成本则是大头。并不是每一款商品都有自己独特的优势，抖音上更多的都是普通商品。对于消费者来说，他们更愿意选择那些已经有成千上万销量的爆款产品，而不会轻易选择零销量的新品。

因此，商家要通过获客成本值制定商品的推广策略。例如，某件产品的售价为 100 元，获客成本值为 40，则商家产生 100 单的销量，需要付出 4000 成本。有了基础销量后，商家即可获得更多推广权重。

另外，商家也可以主动做一些秒杀或限量抢购等不需要基础销量的活动，如果这些活动的推广成本小于获客成本值，那么商家则可以尝试这个渠道。如果这些活动的推广成本大于获客成本值，则商家可以考虑换一种方法，用更小的成本把商品的基础销量做起来。

2．不同商品，因地制宜

根据不同的店铺阶段或者商品类型，可以制定不同的定价策略，下面从常规商品和新店商品两方面进行分析，给大家提供一些参考思路，如图 1-28 所示。

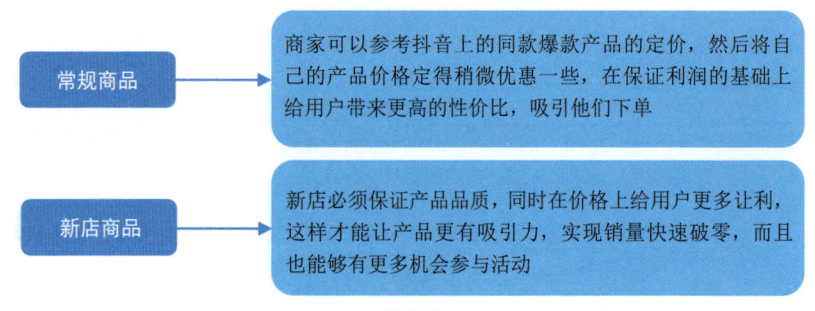

常规商品 → 商家可以参考抖音上的同款爆款产品的定价，然后将自己的产品价格定得稍微优惠一些，在保证利润的基础上给用户带来更高的性价比，吸引他们下单

新店商品 → 新店必须保证产品品质，同时在价格上给用户更多让利，这样才能让产品更有吸引力，实现销量快速破零，而且也能够有更多机会参与活动

图 1-28

3．活动商品，合理定价

首先，商家要清楚活动商品的作用，那就是冲销量、抢排名。然后，商家需要选择活动的"主战场"，包括活动位置和频道的选择。接下来，商家要思考自己对活动效果的期望是什么，要通过活动达到多少单的销量，这些都要在前期做好具体的计划。最后，通过这些数据和条件，来确定活动商品的定价区间。

1.3.4 打破抖音同质化价格竞争的技巧

如今，抖音平台可以说已经是各路高手云集了，每个人都有自己拿手的绝活，竞争非常激烈。

对于普通大众商家来说，难免会陷入大量同款的同质化价格竞争。在这种情况下，商家该如何在众多同款中脱颖而出呢？首先，商家需要重点分析竞店的产品结构和单品销量,具体指标如下。

(1)分析对象

在相同类目下,分析 top1～top30 的店铺和 top1～top50 的单品,这些都是你的竞争对手。以美妆行业为例,商家可以通过如下步骤进行数据分析。

Step 01 进入灰豚数据平台的"首页"页面,单击"立即使用"按钮,如图 1-29 所示。

图 1-29

Step 02 进入灰豚数据的"工作台"页面,选择"商品分析"选项,如图 1-30 所示。

图 1-30

Step 03 在"商品分析"页面中，❶选择"抖音商品榜"选项；❷选择"美妆"选项，如图 1-31 所示。

图 1-31

Step 04 ❶选择"小店＆品牌"选项；❷选择"小店排行榜"选项；❸在"小店分类"中选择"美妆"选项，如图 1-32 所示。

图 1-32

（2）产品结构

分析竞店的产品结构，包括价格和类目的分布情况，以及店铺上新情况和商品总体的销量占比。

（3）单品销量

分析竞店的单品销售情况，可以从产品的卖点、销量、价格、属性和关联销售等方面入手。

接下来，商家需要做好自己店铺的人群定位，并根据这些人群的标签特点对商品进行优化，打造与同款的差异化属性，避免与强劲的竞争对手正面对抗。

这里笔者可以给大家提供一个思路，那就是不必过分强调低价，可以将价格优势转换为品质优势，通过优化标题、图片和详情页突出商品的品质优势，从而将竞品的价格优势淡化，如图 1-33 所示。商家可以查看竞品的差评，这些就是可以提升的地方。

图 1-33

当然，除了从质量方面入手外，商家也可以通过服务提高差异化的同款竞争优势，如选择更快的快递公司，或者采用更好的商品包装等。通过挖掘差异化的商品特点，能够让商家避免陷入同质化的价格战。

对于抖音商家来说，千万不能单纯依靠价格战吸引用户，低价确实能吸引用户，但不可能一直做低价，这样店铺很难盈利，也很难生存下去。如果你试图以低价吸引用户，一旦开始调整价格，那么前期积累的用户则会大量流失。

所以，商家一定要善于用特色吸引和留住用户，而不能单纯地靠打价格战。商家不要总是盯着对手的价格不放，而应该多分析竞品的优势和缺点，从而打造自己的商品特色，获得更多新客，并提升转化率和客单价。

Chapter 02

第2章
带货：
爆款带货公式

爆款不仅可以给店铺带来大量的流量，而且还可以提升店铺的整体产品销量，帮助商家获得更多盈利。当然，爆款打造并不容易，需要商家整合资源集中打造。本章将分享成功打造爆款的方法，为商家带来可以复制的爆款"套路"。

2.1 爆款打造：无爆款，不电商

一个被抖音平台认可的爆款，应该是通过产品的高性价比和高口碑产生的。你的商品是被大多数人接受的，被大多数人喜欢的，是人气非常高的商品。这样的商品，抖音肯定也会进行重点推荐，也才能对店铺的综合权重提升有帮助。因此，爆款的基本思路还是"产品为王，方法为辅"。

2.1.1 抖音爆款打造四部曲

抖音可以说是一个处于高速成长期的新兴电商平台，与其他电商平台相比，虽然有很多相同之处，但也有着许多自己的特色。在抖音平台，随处可见销量超过 10 万件的爆款产品。

要在抖音平台打造爆款，同样需要做好店铺的"内功"，多在产品上下功夫，包括选款、定位和装修设计等。商家要做的，就是把好的产品信息传达给买家，解决他们的痛点，满足他们的需求，这样的商品才能成为爆款。当然，要做爆款，也有一定的方法可循，下面介绍抖音爆款打造的"四部曲"，如图 2-1 所示。

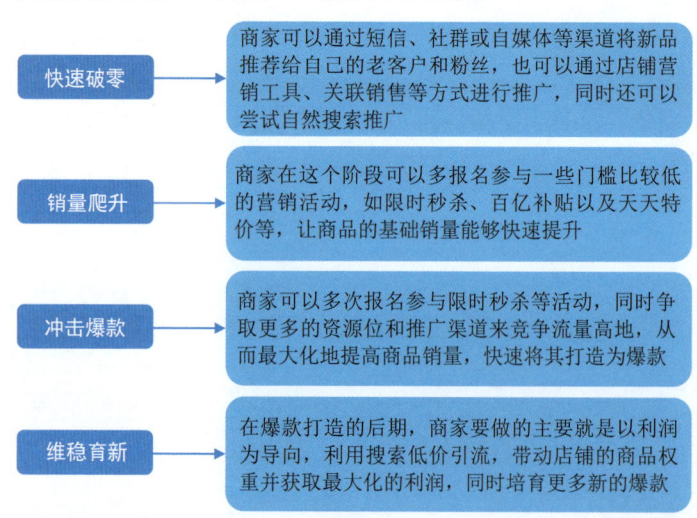

快速破零	商家可以通过短信、社群或自媒体等渠道将新品推荐给自己的老客户和粉丝，也可以通过店铺营销工具、关联销售等方式进行推广，同时还可以尝试自然搜索推广
销量爬升	商家在这个阶段可以多报名参与一些门槛比较低的营销活动，如限时秒杀、百亿补贴以及天天特价等，让商品的基础销量能够快速提升
冲击爆款	商家可以多次报名参与限时秒杀等活动，同时争取更多的资源位和推广渠道来竞争流量高地，从而最大化地提高商品销量，快速将其打造为爆款
维稳育新	在爆款打造的后期，商家要做的主要就是以利润为导向，利用搜索低价引流，带动店铺的商品权重并获取最大化的利润，同时培育更多新的爆款

图 2-1

2.1.2 五招让基础销量轻松破零

很多用户在抖音平台购物时,都喜欢跟风购买,这也是因为害怕被商家坑,怕买到质量差的商品,因此他们凡是看到没有销量和评价的商品,都不会轻易下单。只有商家具备一定的基础销量或评价,这些用户才会有选择性地购买。下面重点介绍一些店铺内外结合的新品销量快速破零的技巧。

1. 置顶营销:在商品排序中展示新品

商家可以利用置顶功能,在视频主页顶部展示新品,有效提升新品的曝光量,从而间接提升新品的流量和销量,如图 2-2 所示。

图 2-2

2. 自动回复:店铺客服搭配引导破零

商家可以在"抖音企业号管理平台→管理中心"页面中,选择"自动回复"选项,为新品进行咨询引流,如图 2-3 所示。

3. 社交分享:利用身边资源为产品破零

商家可以将产品分享到自己的微信群、朋友圈、微博或者 QQ 空间等社交媒体,为新品引来第一波访客,并吸引朋友购买产品。

图 2-4 所示为通过微博分享产品链接,微博上的用户或好友看到

后可以复制口令，然后进入店铺详情页面下单。

图 2-3

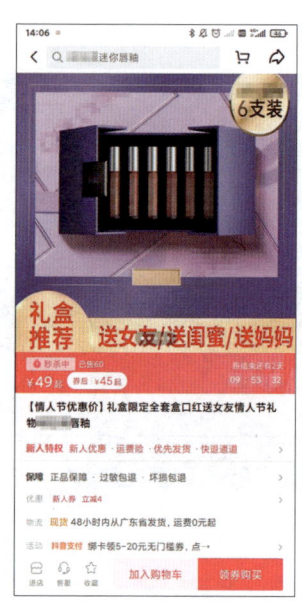

图 2-4

4．关联推荐：爆款商品关联销售推荐实现破零

商家可以通过关联销售工具和套餐搭配功能，利用店铺里面已有的爆款带动新品销量，实现快速破零，同时还能让店铺流量的利用率得到提升。另外，商家也可以用优惠券关联新品，让买家产生冲动消费，如图 2-5 所示。

图 2-5

5. 短信营销：批量触达意向客户实现新品破零

短信营销可以将新品信息推送给精准客户，同时加上优惠券的吸引，可以快速增加新品的销量。

2.1.3 寻找关键词打造爆款标题

精准关键词的爆款标题组合模式为"核心词＋衍生词＋一级词＋二级词"，然后通过推广数据分析我们选择的词，对展现在 2000～10 000 的词进行推广，将其他的词删除。

同时，商家也要注意选择的精准关键词要符合商品属性，这样在后期才能带动自然搜索，选择 3～5 个精准关键词去推广即可。下面我们看一下什么是核心词、衍生词。

1. 核心词：瞬间引爆流量

例如，我们在抖音搜索框中输入"口红"这个关键词的时候，在下面下拉框中可以看到很多包含"口红"的关键词。其中，"口红"是商品的真正名称，是用户的搜索目标，那么"口红"就是商品的核心词，能够很精准地描述商品到底是什么，如图 2-6 所示。

图 2-6

又如，在搜索"韩版"的时候也能出现很多关键词，但通常用户不会直接搜索"韩版"，因为"韩版"这个词并不能够精准地说明产品是什么，也无法定位买家的具体需求，所以这个词不是核心词，如图2-7所示。

图 2-7

核心词是新品引流最关键的切入口，是指与这个产品属性词语相关的，每天有大量用户搜索的关键词。

> **特别提醒**　核心词不能设置得太多，通常由2～4个字构成，而且具有一定规模的稳定搜索量。商家只需要把这些核心词推广到抖音的首页，即可获得源源不断的流量，同时还能为新品带来很大的成交机会。

2. 衍生词：获得精准流量

衍生词是指用来修饰和补充核心词的关键词，能够筛选核心词获得的大量流量，使新品的流量更加精准，降低来自市场中的同行竞争。衍生词是根据用户的浏览习惯产生的，是系统记录的用户过去购物时用到的搜索热词。

通常情况下，用户在搜索商品时，并不会输入很精准的关键词，而是直接在搜索下拉框选择他想要购买的产品关键词。

例如，用户在搜索"眼镜"这个关键词的时候，下拉框中会出现很多衍生词，如果有符合用户需求的，那么他会直接点击那个衍生词来搜索商品，如图2-8所示。

图 2-8

系统也会记录用户点击量非常大的衍生词作为商品的索引，同时这些衍生词的热度也会在用户的推动下越来越高。

2.1.4 看懂爆款产品的数据特征

商家在发布新品和测款时，首先要做的就是获得点击量、转化率等相关数据，并用来对比爆款产品的数据。衡量一个产品是否是爆款产品的 3 个重要指标是点击率、转化率和投资回报率（return on investment，ROI），商家在测款时需要运用这些指标与爆款产品进行对比。

1. 点击率

当用户在抖音搜索查询某个商品时，如果商家的商品标题符合用户搜索时输入的关键词，则与该关键词所对应的商品都将显示在用户的搜索结果页面中，这就是关键词和商品的一次展现。商家将一段时间内商品的展现次数统计得出的数量便是"展现量"。

当用户看到商家的商品标题或者主图后，对商品感兴趣，希望进一步了解商品时，可能会点击访问商家的店铺。"点击量"便是店铺在一段时间内所获得的点击次数的统计。

点击率（click rate）与"展现量""点击量"有关，在了解了两者的原理后，我们还可以计算商品的点击率，其公式如图2-9所示。其中，点击率可以体现商品的吸引力。

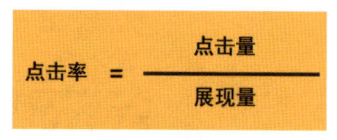

$$点击率 = \frac{点击量}{展现量}$$

图 2-9

点击率是指在搜索结果页面商品被点击的次数百分比。因此，如果在搜索结果中有 10 个人看到了某个商品，只有一个人点击商品主图进入商品详情页，则该商品的点击率就是 10%。

2. 转化率

转化率就是所有进入店铺并下单购买的买家人数与所有点击进入店铺的总人数的比率。转化率的计算公式如下：

转化率＝（购买商品的客户人数 ÷ 商品所有的访客人数）×100%

在打造爆款的前期，商品的定价和款式是决定转化率的关键因素，因此商家可以先为新品做一些基础销量和评价，并且设置的定价不超过行业均值，同时将转化率做到行业均值的一半以上。

图 2-10 所示为转化率提升的 5 个步骤，商家可以按以下 5 个步骤提升自己产品的转化率。

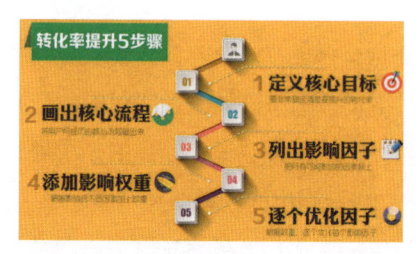

图 2-10

3. ROI

不管是抖音，还是其他电商平台，商家的生意都是从曝光展现开始，其路径如图 2-11 所示。

图 2-11

图 2-12 所示为 ROI 的计算公式。其中，PPC（pay per click，点击付费广告）是实际的单次推广点击扣费。

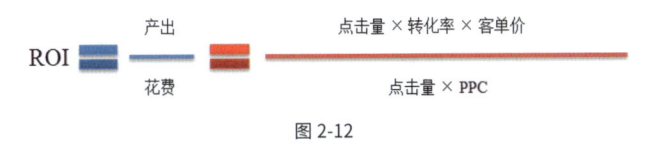

$$ROI = \frac{产出}{花费} = \frac{点击量 \times 转化率 \times 客单价}{点击量 \times PPC}$$

图 2-12

从公式可以看出，ROI 主要受转化率、客单价和 PPC 的影响，点击量虽然不会直接影响 ROI，但会通过影响点击率从而对 GMV（gross merchandise volume，商品交易总额）产值产生影响。商家可以从以下 3 个方面优化提升 ROI，如图 2-13 所示。

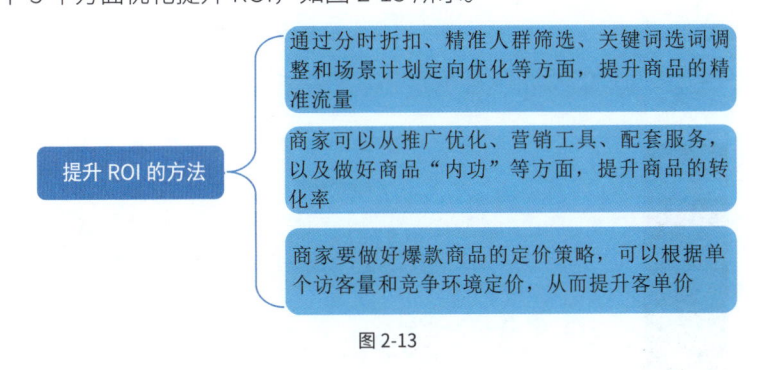

提升 ROI 的方法：
- 通过分时折扣、精准人群筛选、关键词选词调整和场景计划定向优化等方面，提升商品的精准流量
- 商家可以从推广优化、营销工具、配套服务，以及做好商品"内功"等方面，提升商品的转化率
- 商家要做好爆款商品的定价策略，可以根据单个访客量和竞争环境定价，从而提升客单价

图 2-13

值得注意的是，抖音的搜索推广和场景展示推广都是采用 CPC（cost per click，每次点击付费广告）扣费，商家可以优化质量分和点击率降低花费。

2.2 带货工具：助力抖音电商的爆款打造

要想打造爆款，光靠自己制作视频是不够的，还需要借助一些工具。抖音平台主要有精选联盟、小店随心推、巨量千川、DOU＋、视频榜单、营销活动等 6 种工具。本节重点为大家讲述这些工具。

2.2.1 精选联盟：撮合商品和达人的 CPS 平台

精选联盟主要是用来撮合商品与达人两者之间的 CPS（commodity promotion solution，商品推广解决方案）平台，符合精选联盟要求的商家可以将自己的商品添加到精选联盟商品库，以供达人选品推广。

商家在添加商品时设置一定的佣金，达人选择好商品后制作推广视频。当用户购买且产生了订单后，平台便会按时与商家或达人进行结算。

入驻精选联盟主要有两个条件，一个是关闭权限的次数必须小于 3 次，二是商家的体验分要大于或等于 4 分，此外，商家的店铺必须是在正常营业状态下。

商家可以在抖店商家后台的"精选联盟→开通联盟"页面单击"立即开通"按钮，如图 2-14 所示。

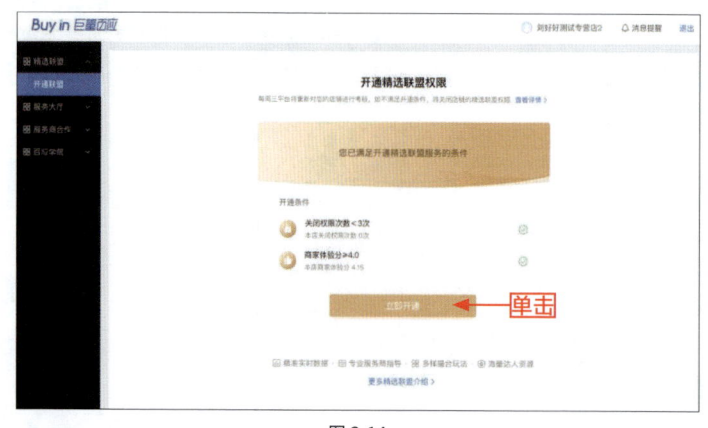

图 2-14

执行操作后，❶勾选"已阅读"复选框；❷单击"进入巨量百应 buyin 平台"按钮，如图 2-15 所示。

图 2-15

2.2.2 小店随心推：实现广告和电商全方位融合协同

抖音平台为了实现广告和电商全方位的融合协同，适配电商营销场景，特意打造了 DOU ＋电商专属版本——小店随心推。当前 DOU ＋作为提高内容热度的营销工具，因其操作便捷、易用性好的优势，一直备受中小商家欢迎。小店随心推将 DOU ＋与小店紧密结合，成为新手在移动端推广小店商品的入门工具。

小店随心推是巨量千川平台的一个版本，其目标主要有两个，一是短视频，二是直播，如图 2-16 所示。

短视频	商品购买	用户通过你的小店随心推视频进入小店完成下单
	内容种草	用户通过对你的视频进行点赞/评论/分享/点击个人主页与你互动
	提升粉丝	对你视频感兴趣的用户，产生的关注行为
直播	直播间人气	为直播间增加观看量
	直播间商品点击	为直播间增加商品点击量
	直播间带货	为直播间增加下单量
	直播间涨粉	为直播间增加粉丝量
	直播间评论	为直播间增加评论量

图 2-16

此外，小店随心推中的数据与巨量千川平台对齐，在原有版本的基础上增加了更详细的数据，帮助商家全方面地了解销售情况等，如图 2-17 所示。

短视频	互动数据	新增粉丝数、点赞次数、分享次数、评论次数、主页访问量
	小店数据	支付订单量、支付订单金额、投资回报率
	转化数据	点击次数、转化次数、转化成本、转化率
直播	小店数据	支付订单量、支付订单金额、投资回报率
	直播数据	观看人次、查看购物车次数、商品点击次数、新增粉丝数、评论次数、分享次数、打赏次数、音浪收入、新加团人次

图 2-17

值得注意的是，小店随心推主要有两种推广方式，一种是短视频推广，如图 2-18 所示，另一种是直播推广，如图 2-19 所示。

图 2-18　　　　　　图 2-19

2.2.3　巨量千川：助力精细化带货运营

巨量千川是一个广告投放平台，支持直播、短视频等多种带货形式，能够在移动端和 PC 端双端投放。基于投放自动化程度，推广方式又分为极速推广和专业推广两种，以助力商家精细化带货运营。下面我们看一下巨量千川平台的特点以及核心优势。

1．平台特点

巨量千川平台有多场景适配和便捷性两个特点，下面我们看一下平台的这两个特点。

（1）多场景适配

两种推广方式能够适配多种推广场景，如图 2-20 所示。

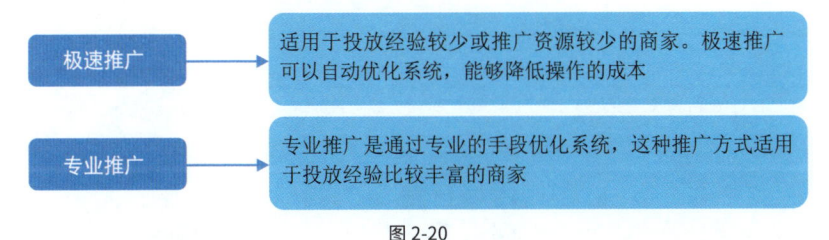

极速推广	适用于投放经验较少或推广资源较少的商家。极速推广可以自动优化系统，能够降低操作的成本
专业推广	专业推广是通过专业的手段优化系统，这种推广方式适用于投放经验比较丰富的商家

图 2-20

（2）便捷性

如果你是抖音小店商家，那么你不需要再额外开通广告账户，抖音小店商家可直接升级成为巨量千川用户。此外，一个账号能够支持多种推广平台。

2．核心优势

巨量千川平台除了有以上两个平台的特点之外，还有场景协同、经营提效、数据驱动、生态繁荣等 4 个核心优势。

（1）场景协同

巨量千川平台与抖音平台深度融合，覆盖了抖店商家、MCN（multi-channel network，多频道网络）/达人以及服务商等全部经营角色，如图 2-21 所示。

（2）经营提效

巨量千川打造了一个一体化的智能营销闭环，整合了全链的投放能力，能够有效地提升电商营销的效率与效果，如图 2-22 所示。此外，巨量千川还打通了多端账号，能够实现开店便可投放，如图 2-23 所示。

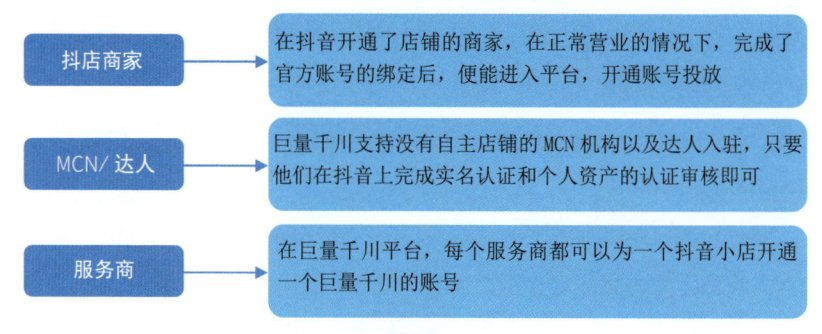

抖店商家	在抖音开通了店铺的商家，在正常营业的情况下，完成了官方账号的绑定后，便能进入平台，开通账号投放
MCN/达人	巨量千川支持没有自主店铺的 MCN 机构以及达人入驻，只要他们在抖音上完成实名认证和个人资产的认证审核即可
服务商	在巨量千川平台，每个服务商都可以为一个抖音小店开通一个巨量千川的账号

图 2-21

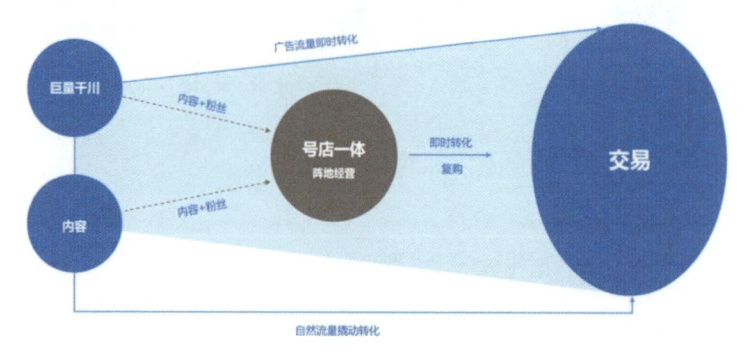

图 2-22

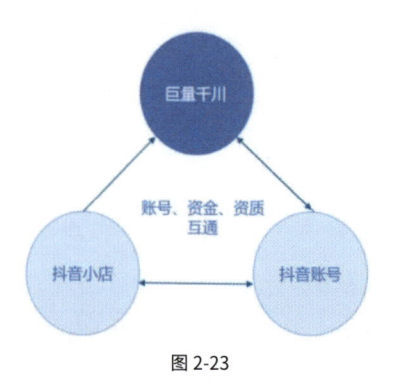

图 2-23

此外，巨量千川共推出了抖音移动端小店随心推、PC 端极速推广和专业推广 3 种不同的产品版本，如图 2-24 所示。

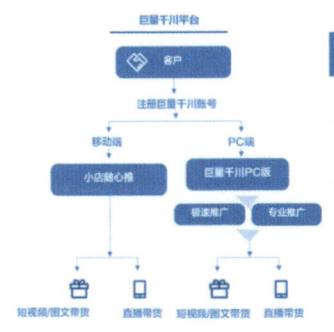

图 2-24

(3) 数据驱动

巨量千川为帮助商家实现销量的长效增长，采用了数据技术支持营销的全链路，如图 2-25 所示。

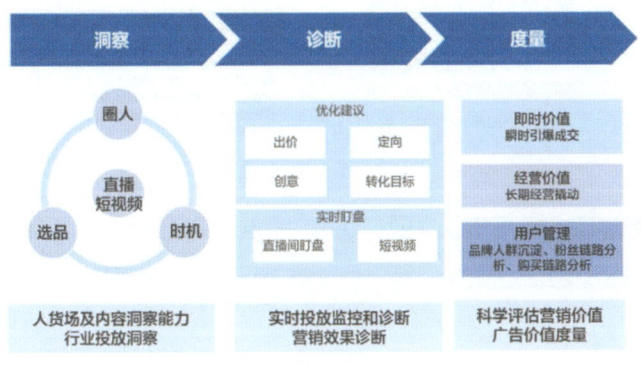

图 2-25

(4) 生态繁荣

巨量千川为了更好地服务市场，构建健康开放的良性生态，实现生意发展的稳定共赢，在投放优化、数据分析、托管投放、技术支持、创意生产上都给予了一定的支持。

2.2.4　DOU＋：帮助创作者提高内容热度的营销工具

DOU＋是抖音帮助创作者的视频或直播间加热的工具。目前来说，DOU＋主要有 5 个优势，分别是投放门槛低、预算门槛低、操作简单、实时监测投放并进行分析、原生化。

值得注意的是，商家在进行DOU＋加热时，一定要先了解"DOU＋"服务协议，如图2-26所示。

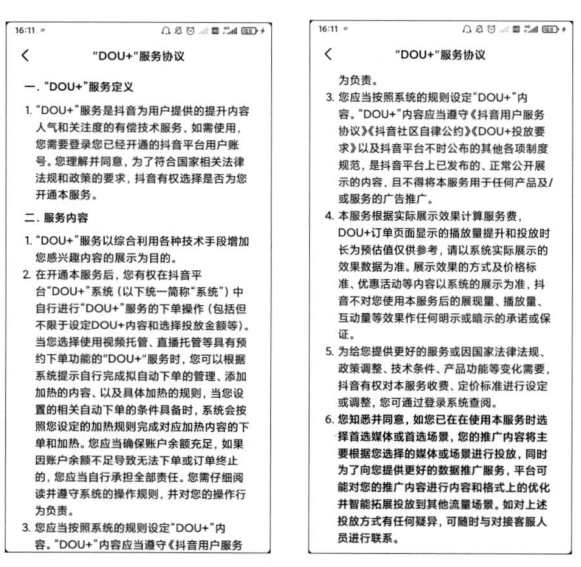

图 2-26

DOU＋的应用场景主要有两个，一个是视频DOU＋，另一个是直播间DOU＋。下面我们看一下这两个应用场景的具体内容。

1. 视频DOU＋

视频DOU＋是为视频提供加热功能的工具，帮助创作者提高视频的播放量以及互动量，视频DOU＋主要分为速推版和定向版两种。

商家选定自己要推广的短视频后点击➡按钮，如图2-27所示。点击"帮上热门"按钮，如图2-28所示。

执行操作后，可以看到界面出现速推版和定向版，商家根据自己的需求选择相应的版本，如图2-29所示。

第 2 章 · 带货：爆款带货公式

图 2-27

图 2-28

图 2-29

特别提醒　值得注意的是，速推版只保留了核心功能，投放的目标主要是点赞评论量和粉丝量两种；而定向版则包含了各种功能，可使投放更加精准。

041

图 2-30 所示为定向版投放功能。定向版投放能够帮助商家提升位置点击、主页浏览量、点赞评论量以及粉丝量，其投放的时长可以分为 2 小时、6 小时、12 小时、24 小时等，投放方式分为系统智能推荐和自定义定向推荐两种，自定义定向推荐还可以自定义推荐的性别、年龄、地域、兴趣标签和相似粉丝等。

图 2-30

2. 直播间 DOU ＋

直播间 DOU ＋是帮助达人提高直播间人气的工具，可以在直播前和直播中两个阶段进行推广加热。

（1）直播前

在直播前进行 DOU ＋是为了让更多的用户了解直播间，提高直播间的曝光度，商家点击 ➕ 按钮，如图 2-31 所示，选择"开直播"选项，如图 2-32 所示。

执行操作后，选择"DOU ＋上热门"选项，如图 2-33 所示；根据自己的情况设置直播加热相关数据，点击"支付"按钮，如图 2-34 所示。

第 2 章 · 带货：爆款带货公式

图 2-31

图 2-32

图 2-33

图 2-34

（2）直播中

当直播人数较少时，也可以通过 DOU＋加热。商家点击右下角的 按钮，如图 2-35 所示，选择"DOU＋上热门"选项，如图 2-36

043

所示，根据自己的情况设置直播加热相关数据，点击"支付"按钮，如图 2-37 所示。

图 2-35　　　　图 2-36　　　　图 2-37

2.2.5　视频榜单：提升平台内容和交易体验

视频榜单可帮助引导创作者创作更优质、正向的视频，进而提升平台内容质量和交易体验。

商家可以在抖店商家后台❶选择"商品"选项；❷选择"视频榜单"选项，如图 2-38 所示。

图 2-38

执行操作后，进入视频榜单页面，如图 2-39 所示。由图可知，视频榜单分为带货视频榜和引流视频榜。

图 2-39

2.2.6 营销活动：快速炒热卖货氛围

营销活动是迅速提升销量的方式之一。例如，抖音开展的 3·8 女王节活动不仅是电商平台举办的一次促销活动，也是一次具有社会价值的传播活动，3·8 女王节的促销时间为 2 月 26 日至 3 月 8 日，主题为"天生自出色"。

抖音平台设立了 3·8 女王节的专区，如图 2-40 所示，同时也设置了专门的话题，如图 2-41 所示。

图 2-40 　　　　　　图 2-41

045

2.3 带货技巧：用价值促进爆款转化率

抖音平台的电商达人可以采用一定的方式吸引粉丝关注，从而成为带货达人。但是，达人如果想激发用户的购买行为，关键前提是：达人能让用户察觉产品带给他的价值。

本节将从用户的角度入手，介绍通过抓住用户的痛点、爽点与痒点等方法，解决直播销售过程中的关键问题——提升转化率。

2.3.1 解决痛点：满足用户的基础需求

痛点，就是用户急需解决的问题，如果没有解决这个痛点，便会很痛苦。用户为了解决自己的痛点，一定会主动寻求解决办法。研究显示，每个人在面对自己的痛点时，是最有行动效率的。

大部分用户进入直播间，就表明他在一定程度上对直播间内的产品是有需求的，即使当时的购买欲望不强烈，但是达人完全可以通过抓住用户的痛点，让购买欲望不强烈的用户也想下单。

达人在提出痛点时需要注意，只有与用户的"基础需求"有关的问题，才能算是他们的真正痛点。"基础需求"，顾名思义，就是一个人最基础的需求，这个需求没解决的话，人的痛苦会非常明显。

例如，在图 2-42 所示的售卖护肤品的直播间，达人通过指示牌展示该产品适用于敏感肌、油痘肌，还标注孕妈妈以及在哺乳期的女生都可以使用，以帮助她们更好地解决孕期、哺乳期不能使用的这个痛点。

达人在寻找和放大用户痛点时，让观众产生解决痛点的想法后，可以慢慢地引入自己想要推销的产品，给观众提供一个解决痛点的方案。在这种情况下，很多人都会被达人所提供的方案吸引。毕竟用户痛点出来了，观众一旦察觉到痛点的存在，第一反应就是消除这个痛点。

图 2-42

达人要先在直播间营造观众对产品的需求氛围，然后再展示要推销的产品。在这种情况下，观众的注意力会更加集中，同时他们的心情甚至会有些急切，希望可以快点解决自己的痛点。

例如，在图 2-43 所示的卖泡澡桶产品的抖音直播间，达人通过演示产品的使用场景和收纳技巧，不仅解决了观众"泡澡"的基本痛点需求，而且给观众展示了该产品可以收纳，不占用太多空间的特点，为他们带来了更多的价值。

通过这种价值的传递，可以让观众对产品产生更大的兴趣。当观众对产品有进一步了解的欲望后，达人就需要和他们建立信任关系。达人可以在直播间与观众聊一些产品的相关知识和使用技巧，或者提供一些专业的使用建议，增加观众对自己的信任。

总之，痛点就是通过对人性的挖掘，来全面解析产品和市场；痛点就是正中观众的下怀，使他们对产品和服务产生渴望和需求。痛点就潜藏在观众的身上，需要商家和达人去探索和发现。

"击中要害"是把握痛点的关键所在，因此达人要从观众的角度出发进行直播带货，并多花时间去研究，找准痛点。

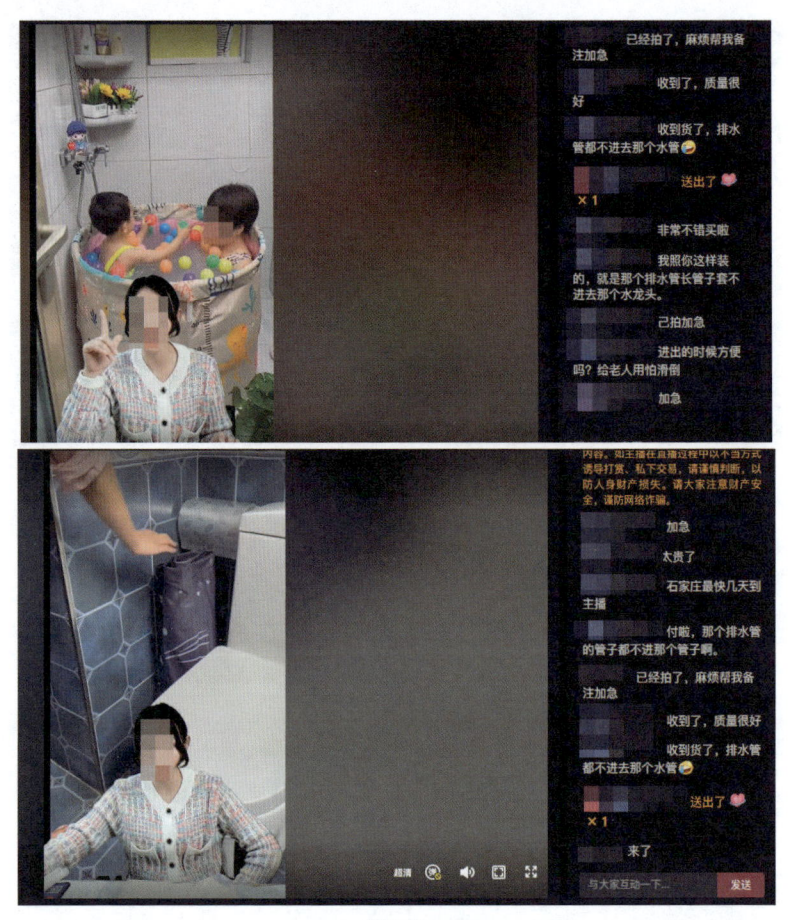

图 2-43

2.3.2 提供爽点：满足用户即刻的需求

爽点，就是观众由于某个即时产生的需求被满足后产生的很爽的感觉。爽点和痛点的区别在于，痛点是硬性的需求，而爽点则是即刻的满足感，能够让观众觉得很痛快。

对于抖音达人来说，要想成功将产品销售出去，就需要站在观众的角度思考产品的价值。这是因为在直播间，观众作为信息的接受者，他们自己很难直接发现产品的价值，此时就需要达人主动帮助观众发现产品的价值。

而爽点对于直播间的观众来说，就是一个很好的价值点。例如，在图 2-44 所示的卖卷发棒的抖音直播间，达人展示了多款卷发棒产品，其中猫爪蛋卷棒可以满足用户想要卷蛋卷发的基本需求，而且使用该产品 5 分钟便可以出门。这就是通过抓住观众的爽点，即时地满足了他们快速卷蛋卷发的需求。

图 2-44

当达人触达更多的用户群体，满足观众和粉丝的不同爽点需求后，自然可以提高直播间商品的转化率，成为直播带货高手。

2.3.3 打造痒点：实现用户的美好梦想

痒点，就是满足虚拟的自我形象。打造痒点，也就是需要达人在推销产品时，帮助观众营造美好的梦想，满足他们内心的渴望，使他们产生实现梦想的欲望和行动力，这种欲望会极大地刺激他们的消费心理。

例如，主播在直播标题"@ 了你一下"，当这个直播间被推送的时候，观众便会看到，但是没有后文，一般观众都想要进去看，主播为什么 @ 我，这也是一种打造痒点的手段，如图 2-45 所示。

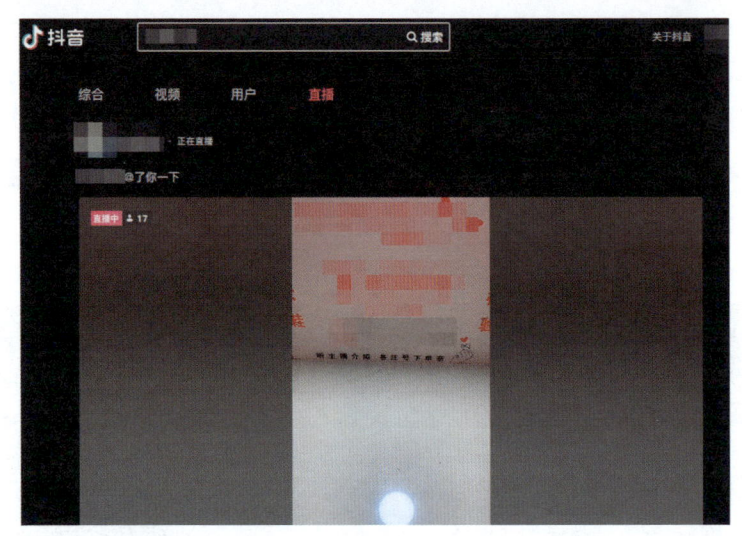

图 2-45

又如图 2-46 所示的直播间，直播标题为一系列的疑问句，这也是打造痒点的一个方式，让大家想要进直播间了解。

图 2-46

特别提醒　痛点、痒点与爽点都是一种用户欲望的表现，而达人要做的就是在直播间通过介绍产品的价值点，来满足用户的这些欲望，这也是直播带货的破局之道。

02　爆款文案篇

Chapter 03

第3章
文案：创作优质内容

电商产品的文案与普通的短视频区别很大，它是一种直销形式的文案，也就是说要直接说出产品的卖点。同时，与传统电商模式不同，电商视频是一种一对多的营销模式，可以用文案创造出一个虚拟销售人员，通过文字向消费者推介产品。

3.1 文案内容：产品内容全面覆盖

抖音电商产品视频的文案必须精准，而且不能过度使用，否则会影响消费者的观看体验，令他们麻木无感。本节将介绍抖音电商产品视频的文案内容策划技巧，帮助商家快速打造吸睛的产品视频文案。

3.1.1 准确描述时间和特点

首先，商家要在产品视频文案中将准确的时间告诉消费者，让他们做到心中有数，不会错过各种优惠。图 3-1 所示为精准描述时间的产品视频文案示例，能够增加消费者的获得感。

图 3-1

再如，商家可以在产品视频中直接告诉观众，本产品在举行某项优惠活动，这个活动到哪天截止，在这个活动期间，消费者能够得到的利益是什么。此外，商家还需要提醒观众，在活动结束后，再想购买，就要花更多的钱。

参考口播文案："这款服装，我们今天做优惠降价活动，今天（××月×× 日）就是最后一天了，您还不考虑入手一件吗？过了今天，价格就会回到原价位，和现在的价位相比，足足多了几百元呢！如果您想购买这款服装的话，必须尽快下单哦，机不可失，时不再来。"

商家通过视频向消费者推荐产品时，就可以通过准确描述时间的方式给他们造成紧迫感，也可以通过视频界面的公告牌和悬浮图片素材中的文案提醒消费者。

此外，商家还需要在视频中准确描述产品的特点和功能，且能够与消费者的需求实现精准对接，让产品特色和用户痛点完美结合，相关示例如图 3-2 所示。要写出产品特点的视频文案，需要商家全身心地亲自体验产品，用自己的真实感受打动消费者。

图 3-2

3.1.2 准确体现产品针对性

在视频中准确体现产品针对性主要是针对消费者的某个需求或痛点来说的，相关示例如图 3-3 所示。此外，可以多用"你"这个字，能够让展现效果更加生动。

图 3-3 中的产品是月子服，所以视频文案就充分展示了这个产品中针对哺乳期妈妈的设计，有很强的针对性。

在这个时代，通过电视广告打造品牌是常用的手段，企业和商家都在通过广告强调产品的优势及特征,举几个简单的例子,如图3-4所示。

图3-3

图3-4

与卖点相比,痛点注重的是消费者的诉求以及体验,是从消费者自身出发的。比如,平价汉服击中了大多数消费者觉得汉服价格太高的痛点,公交卡解决了很多人觉得带零钱乘车麻烦的痛点。因此,打造一个爆款产品视频最重要的就在于能够准确击中消费者的痛点。

以一款免清洗内筒洗衣机为例,为了击中消费者的痛点,首先就应该找到并总结归纳所有普通洗衣机的痛点,具体内容如图3-5所示。

然后根据这些痛点,对这款免清洗内筒洗衣机进行包装和设计,针对性地击中消费者的某个痛点,使其成为爆款产品。

```
普通洗衣机的痛点 ── 用久了的内筒很脏，威胁健康
              ── 通过洗涤球外力清洗越洗越脏
              ── 水电压不稳定便不能正常清洗
```

图 3-5

总的来说，通过对人性的挖掘分析产品和市场，才能满足消费者的需求，使他们对产品和服务产生渴望。痛点就潜藏在消费者的身上，需要你不断地探索和发现。

3.1.3　准确使用描述形容词

在产品视频的文案中使用准确的感官形容词，包括味觉感官、嗅觉感官、视觉感官、听觉感官以及动态感官等，可以增强消费者对产品的感受，同时使文案的可信度更高。

如图 3-6 所示，香香甜甜的大粽子，软糯弹牙的红枣粽子，鲜味十足的蛋黄粽子，构建出生动的画面感。

图 3-6

图 3-6 （续）

3.1.4 准确体现产品独特性

商家可以认真研究产品的卖点，写出能够展现产品独特性的视频文案，避免出现同质化的文案内容，具体方法如下。

- ✤ 参考竞品的视频文案，从中找到不同的切入点。
- ✤ 参考跨类别的产品视频文案，将其中的精华内容与自己的产品相结合。

只要商家能够写出百分之百的独特性文案，就能够快速占领用户的心智，相关示例如图 3-7 所示。

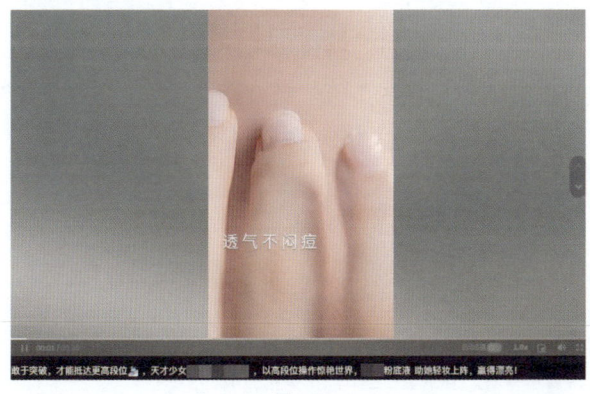

图 3-7

3.1.5 精准表达产品拥有感

在写抖音电商产品视频文案时,可以适当抬高产品的价值,将消费者拥有该产品后的感受描述出来,让他们在视频中产生短暂的"拥有感",这样更能刺激消费者的购买欲望,相关示例如图 3-8 所示。

图 3-8

3.2 文案策划:助你提升产品销量

对于抖音电商产品视频中的文案来说,感性和理性都需要兼顾,同时还要站在用户的角度进行换位思考,用户的需求就是产品视频文案的卖点。本节将介绍一些抖音电商产品视频的文案策划技巧,帮助商家快速提升产品的点击率和转化率。

3.2.1 6 种视频成交文案

商家在使用产品视频带货的过程中,除了要把产品很好地展示给消费者以外,最好还要掌握一些带货技巧和成交表达技巧,这样才可以更好地推销产品,提高自己的带货能力。

下面介绍 8 种常用的产品视频成交表达技巧，分别是分享成交法、超值成交法、价格成交法、产地成交法、降价成交法、直接成交法、逻辑成交法、间接成交法，如图 3-9 所示。

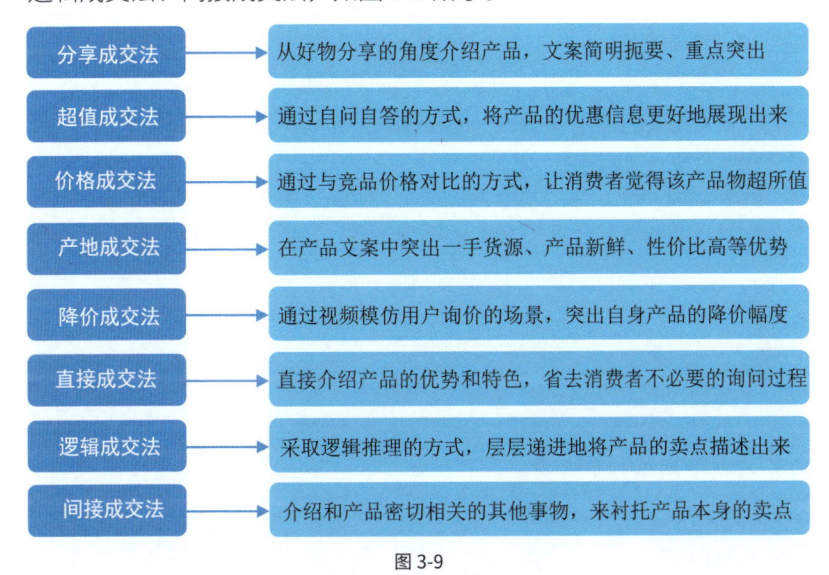

分享成交法	从好物分享的角度介绍产品，文案简明扼要、重点突出
超值成交法	通过自问自答的方式，将产品的优惠信息更好地展现出来
价格成交法	通过与竞品价格对比的方式，让消费者觉得该产品物超所值
产地成交法	在产品文案中突出一手货源、产品新鲜、性价比高等优势
降价成交法	通过视频模仿用户询价的场景，突出自身产品的降价幅度
直接成交法	直接介绍产品的优势和特色，省去消费者不必要的询问过程
逻辑成交法	采取逻辑推理的方式，层层递进地将产品的卖点描述出来
间接成交法	介绍和产品密切相关的其他事物，来衬托产品本身的卖点

图 3-9

由于每一个消费者的消费心理和关注点都是不一样的，在面对合适且有需求的产品时，仍然会由于各种细节因素，导致最后没有下单。

面对这种情况，商家就需要借助一定的销售技巧和文案来破消费者的最后心理防线，促使他们完成下单。

3.2.2 5 个口播文案的切入点

文案是指具有商品属性的文字，能够一针见血地指出消费者的购买需求。如果产品视频采用的是口播文案的形式，也就是通过语音表达文案内容，则需要不断引发消费者的冲动消费，不能给他们留下喘息的机会。在撰写口播文案时，需要不断地进行优化，具体可以从以下 5 个方面切入，如图 3-10 所示。

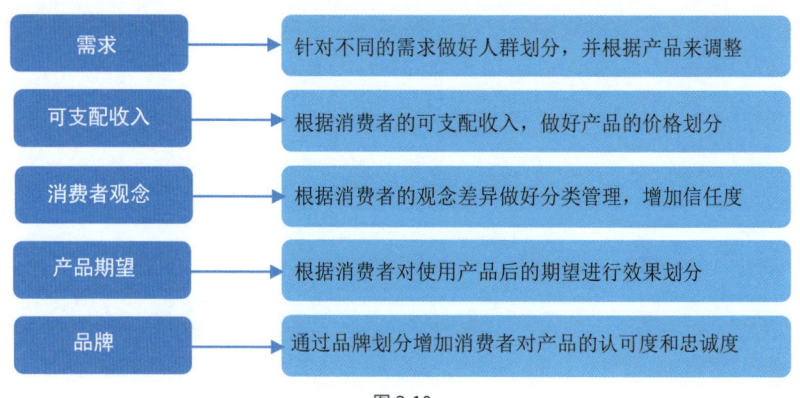

需求	针对不同的需求做好人群划分，并根据产品来调整
可支配收入	根据消费者的可支配收入，做好产品的价格划分
消费者观念	根据消费者的观念差异做好分类管理，增加信任度
产品期望	根据消费者对使用产品后的期望进行效果划分
品牌	通过品牌划分增加消费者对产品的认可度和忠诚度

图 3-10

3.2.3　3 种视频文案带货效应

产品视频带货文案已成为一种不可或缺的营销方式，商家要想写好带货文案，还必须了解文案带货效应，如图 3-11 所示。

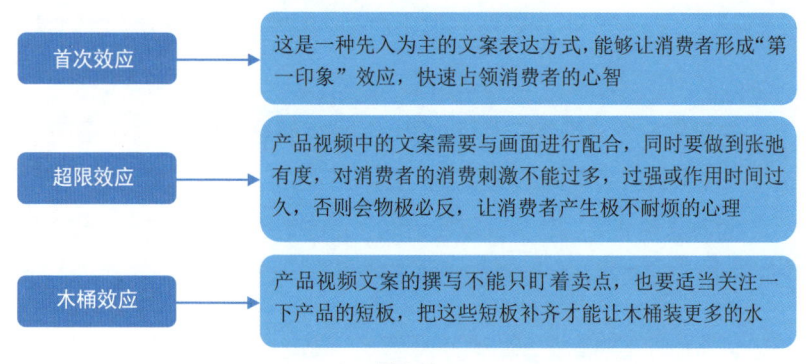

首次效应	这是一种先入为主的文案表达方式，能够让消费者形成"第一印象"效应，快速占领消费者的心智
超限效应	产品视频中的文案需要与画面进行配合，同时要做到张弛有度，对消费者的消费刺激不能过多，过强或作用时间过久，否则会物极必反，让消费者产生极不耐烦的心理
木桶效应	产品视频文案的撰写不能只盯着卖点，也要适当关注一下产品的短板，把这些短板补齐才能让木桶装更多的水

图 3-11

例如，图 3-12 所示的视频中的文案就非常注意"度"的把握，并没有一味地通过解说刺激消费者，而只是在一些关键时间点击中用户痛点，展示产品的特性，这就是满足"超限效应"的一种表现。

图 3-12

3.3 脚本文案：根据产品卖点设计

视频的画面非常形象、生动，而且不容易受到其他同类产品的影响，因此视频带货的转化率比其他内容带货形式要更高。本节介绍抖音电商产品视频的脚本策划技巧，帮助商家高效带货，获得更多的粉丝和收益。

3.3.1 视频脚本策划的前期准备

电商产品视频非常实用，可以在短时间内帮助店铺快速吸粉，但产品视频不是随便发发就行的，视频内容的选题策划是重中之重。商家需要根据脚本拍摄，才能让视频更加吸引消费者。

下面介绍产品视频脚本策划的前期准备，包括前期用户调研、找到细分领域以及选定拍摄主题等内容。

1．做好前期用户调研

在电商平台做产品视频，其内容必须与用户的需求和兴趣契合。商家可以全面了解平台调性与用户特点，从而确定视频内容的大致方向。

抖音上的产品视频与短视频的原理其实是一样的，那就是内容必须与平台的用户相契合。因此，商家首先要分析用户，找到用户的痛点和兴趣爱好，这样发布的产品视频才能被广大用户关注和接纳。

2. 从大方向中找到细分领域

对于电商产品视频来说，内容是非常关键的，必须对每一个镜头提前做好规划，绝不能浪费一分一秒。通常情况下，电商产品视频最长也只有几分钟，那么具体要拍些什么才能将商家要传达的意思表达清楚呢？

商家可以在了解消费者需求的基础上对视频内容的大致方向进行定位，然后再从中找到细分领域，从而决定具体拍什么。

商家可以从店铺的主营类目来拍摄视频（如食品类的商家可以拍摄制作食品的视频，如图 3-13 所示），也可以从突出产品卖点的角度拍摄视频。

图 3-13

当然，商家也可以从产品中跳脱出来，从自己擅长或了解的领域找到更多拍摄内容。例如，擅长穿搭的商家可以拍摄服饰相关的穿搭技巧，如图 3-14 所示。擅长摄影的商家可以拍摄相关的摄影技巧，也可以分享一些生活中有趣的事情。

图 3-14

> **特别提醒** 需要注意的是,视频内容要有亮点,要让消费者看了你的视频后有所收获,如收获知识或快乐等,不能太空洞。

3. 选定一个视频拍摄主题

最后,商家需要选定一个产品视频的拍摄主题。以做 DIY 星黛露发夹为例,要细化到每个步骤,具体如何展现,以及需要突出哪些重点等,可以将所有细节都写到脚本中,方便拍摄。

(1)用镜头展示制作 DIY 发夹的原材料,如打火机、剪刀、绳子、发夹等,如图 3-15 所示。

图 3-15

（2）详细拍摄制作 DIY 发夹的过程，让观众知道每一个步骤，吸引观众了解并对产品产生兴趣，如图 3-16 所示。

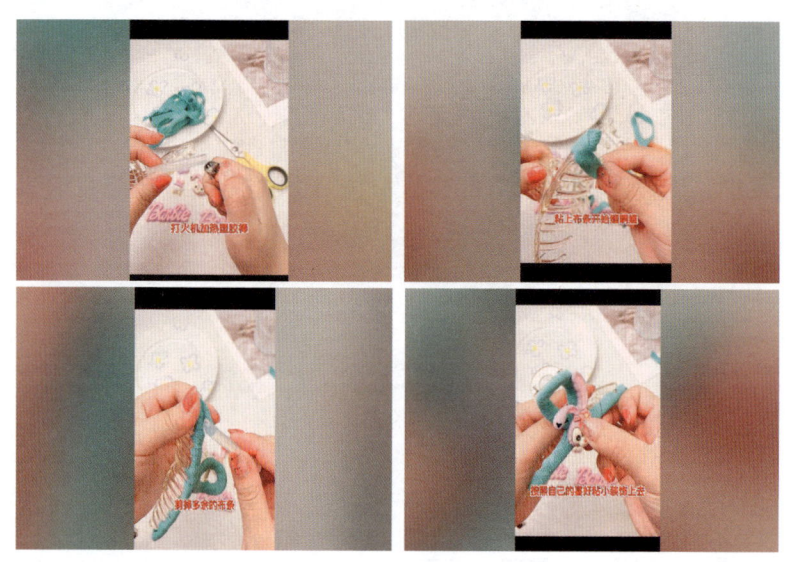

图 3-16

（3）最后展示制作好的 DIY 发夹产品，如图 3-17 所示。

图 3-17

产品视频的选题尽量独特有创意，同时商家要建立自己的选题库和标准的工作流程，这样不仅能够提高创作的效率，而且可以刺激消费者保持观看的欲望。例如，商家可以多收集一些热点并加入选题库，然后结合这些热点创作产品视频。

3.3.2 产品视频脚本策划 4 步法

产品视频脚本是指通过事先设计好的剧本和环节，整理出一个大致的产品视频拍摄流程，同时将每个环节的细节写出来，包括在什么时间点和谁一起做什么事情，以及说什么话等。

产品视频脚本策划有 4 个步骤，即卖点挖掘、卖点筛选、卖点罗列、写入脚本，掌握这 4 步即可轻松拍出优质的产品视频。

1. 第 1 步：卖点挖掘

首先将产品的卖点全方位地挖掘出来，最重要的一点就是"全"，将我们可以想到的卖点全部罗列出来。商家可以从商品、优惠、服务这 3 个方面对商品的卖点进行挖掘，如图 3-18 所示。

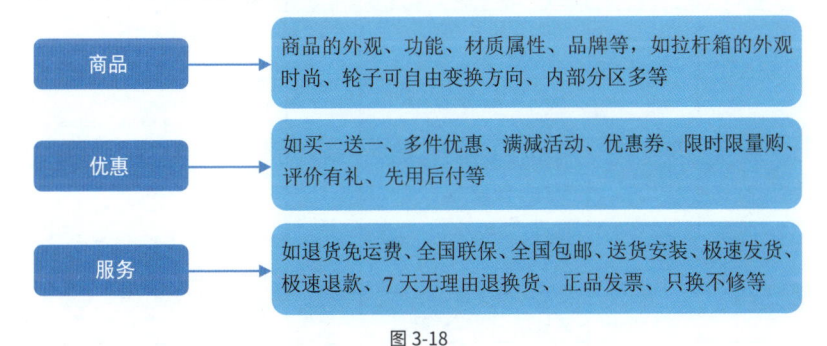

商品	商品的外观、功能、材质属性、品牌等，如拉杆箱的外观时尚、轮子可自由变换方向、内部分区多等
优惠	如买一送一、多件优惠、满减活动、优惠券、限时限量购、评价有礼、先用后付等
服务	如退货免运费、全国联保、全国包邮、送货安装、极速发货、极速退款、7 天无理由退换货、正品发票、只换不修等

图 3-18

2. 第 2 步：卖点筛选

其次是筛选产品的卖点，将视频中不好展现的和不确定的因素删除，将剩下的卖点写进脚本。商家要先在视频中营造消费者对产品的需求氛围，然后再展示要推销的产品。在这种情况下，消费者的注意力会更加集中，同时他们的心情甚至会有些急切，希望可以快点解决自己的需求。

例如，买"高压锅送蒸片和百洁布"中的"送蒸片和百洁布"就是一个不确定因素，因为赠品送完可能就不送了，而这个产品视频却是要长久使用的，因此这个卖点不宜在视频中展现。又如"正品保障、购物无忧"这类卖点也不太好通过视频展现，那么商家可以重点展现产品材质和功能等卖点。

3．第3步：卖点罗列

接下来将产品的核心卖点罗列一下，调换一下顺序，将最强的卖点和最吸引消费者的卖点写进脚本并放到前面来拍摄，做到有主有次。下面以一个餐盒产品为例，将筛选出来的8个卖点进行罗列并写入脚本，如表3-1所示。

表3-1 餐盒产品视频脚本

镜头顺序	卖点	字幕	景别	要求	时间/s
1	多种尺寸	多种尺寸规格	全景	展示产品外观	2
2	内部空间	享受幸福味道	全景	盛放各种食物	6
3	材质工艺	1600℃高温烧制 耐热、光滑、易清洗	特写	拍摄特写细节	6
4	密封防漏	保鲜密封盖／内置橡胶圈 四面负压锁扣，经久耐折 密封不漏水	全景	倒入清水，展示产品的密封性能	10
5	耐高温	耐高温400℃，无毒无害 加热时取下盖子 微波炉、烤箱适用	全景	装好食物，放入微波炉，展示其用途	8
6	长效保鲜	耐-20℃低温冷藏	全景	准备多个餐盒装好食物，放入冰箱	2
7	分类存储	精致分隔 不易串味	全景	为不同区域装入不同食物	6
8	使用场景	工作带饭 营养丰富 水果装盘 锁住新鲜 干果存储 密封防潮	全景	在不同场景搭配不同的食物和拍摄背景	6

4. 第 4 步：写入脚本

当商家将产品的核心卖点罗列好之后，即可将其写入视频脚本，接下来就需要思考如何通过具体的镜头和字幕呈现产品的卖点，让消费者通过视频清楚地了解这些卖点。

总之，优质的产品视频脚本要记住"一全、二删、三调、四写"这 4 点。下面以一款女鞋产品为例。

- ♣ 镜号：1；景别：全景；运镜方式：固定；画面内容：鞋子摆放整体展示；镜头时间：2s；表达意义：整体效果，如图 3-19 所示。

图 3-19

- ♣ 镜号：2；景别：全景；运镜方式：固定；画面内容：拿起鞋子并旋转，展示各部分的细节做工；镜头时间：3s；表达意义：细节做工，如图 3-20 所示。

图 3-20

✤ 镜号：3；景别：全景；运镜方式：固定；画面内容：模特穿上鞋子，展示试穿效果；镜头时间：3s；表达意义：穿搭效果，如图 3-21 所示。

图 3-21

写好脚本后，接下来商家就可以根据脚本思考应该怎么拍。其实，当我们最终将视频脚本写好后，拍摄过程就变得非常简单了。拍摄视频的摄影师最好选择有经验的，有条件的商家可以找一些专业的摄影师。

需要注意的是，视频的拍摄除去对画面构成和光影色彩的把控，以及摄像的清晰程度有一定要求以外，摄影师本身的审美高度也是很重要的。

最后是后期部分，主要是画面的剪辑和配音，我们可以在产品视频中添加一些背景音乐和字幕，可以根据自己的风格制作。在视频画面中添加哪些元素，可以根据当时拍摄的内容来决定。

图 3-22 所示是春装带货视频，在制作后期时，在视频的前面部分加入了文字，并在展示春装时添加了滤镜。

图 3-22

3.3.3 找产品卖点的 4 个渠道

当商家在制作产品视频时，需要深入分析产品的功能并提炼相关的卖点，然后亲自使用和体验产品，通过视频展现产品的真实应用场景。找产品卖点的 4 个常用渠道如图 3-23 所示。

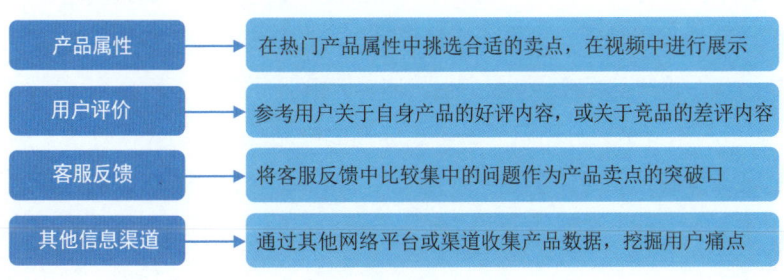

产品属性	在热门产品属性中挑选合适的卖点，在视频中进行展示
用户评价	参考用户关于自身产品的好评内容，或关于竞品的差评内容
客服反馈	将客服反馈中比较集中的问题作为产品卖点的突破口
其他信息渠道	通过其他网络平台或渠道收集产品数据，挖掘用户痛点

图 3-23

例如，女装产品的用户痛点包括做工、舒适度、脱线、褪色以及搭配等，她们更在乎产品的款式和整体的搭配效果，图 3-24 所示为展示整体搭配的女装产品视频。此外，商家还可以根据"上身效果＋设计亮点＋品质保障＋穿搭技巧"等组合制作产品视频。

图 3-24

> **特别提醒** 商家要想让自己的产品视频吸引消费者的目光，就要知道他们心里想的是什么，只有抓住消费者的消费心理来提炼卖点，才能让消费者下单。

3.3.4 策划视频脚本，展现产品精华

当商家找到产品卖点后，就需要根据这个卖点设计产品视频的脚本。前面已经简单介绍了找产品卖点的几个渠道，此时商家就需要根据产品卖点规划需要拍摄的场景和镜头，以及每个镜头需要搭配的字幕内容。将产品视频脚本做好后，能够大幅提升工作效率。

例如，图 3-25 所示为一个运动鞋的产品视频，不仅体现了产品的细节质感，同时还呈现了环境带入的镜头，将产品的卖点充分展现出来。

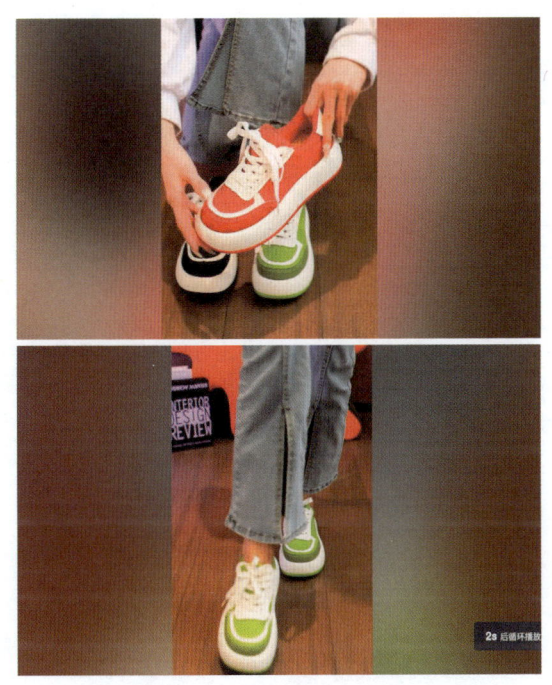

图 3-25

3.3.5 高销量产品的带货脚本创作要点

产品视频带货主要是依靠视频内容的展现来吸引消费者下单，因此脚本的设计尤为重要。强大的脚本不仅可以提高产品视频的转化率和销量，而且还可以极大地提高产品视频的制作效率，达到事半功倍的效果。那么，怎么设计视频带货脚本呢？笔者认为可以从以下 3 个方面入手，如图 3-26 所示。

例如，油性皮肤的消费者在看到带有控油、补水类的产品视频时，停留的时间就会相对较长，如图 3-27 所示。因此，商家如果在自己的产品视频脚本中直接点明产品的适用人群，就能够吸引这些精准客户的注意。

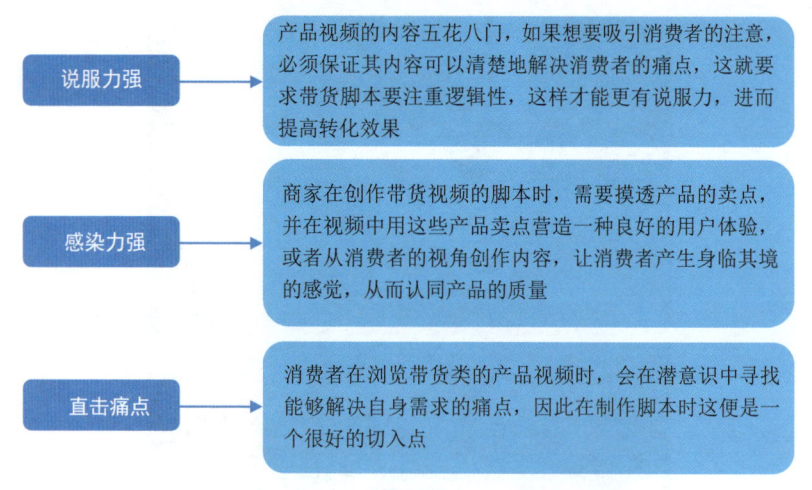

说服力强	产品视频的内容五花八门，如果想要吸引消费者的注意，必须保证其内容可以清楚地解决消费者的痛点，这就要求带货脚本要注重逻辑性，这样才能更有说服力，进而提高转化效果
感染力强	商家在创作带货视频的脚本时，需要摸透产品的卖点，并在视频中用这些产品卖点营造一种良好的用户体验，或者从消费者的视角创作内容，让消费者产生身临其境的感觉，从而认同产品的质量
直击痛点	消费者在浏览带货类的产品视频时，会在潜意识中寻找能够解决自身需求的痛点，因此在制作脚本时这便是一个很好的切入点

图 3-26

图 3-27

3.3.6 商品轮播视频的脚本策划

轮播视频是消费者进入商品详情页后第一个看到的内容，能够多维度地展示产品的外观、细节、功能，让消费者对产品有更多了解，增加消费者的停留时间，提高产品的转化率和收藏加购率，如图 3-28 所示。

目前，很多商家制作的轮播视频质量达不到要求，存在不少脚本方面的误区，如图 3-29 所示。

图 3-28

```
                    ┌── 将视频当成直播,全程只有模特在说话,但是静音状态
商品轮播视频的  ────┤
脚本策划误区        ├── 镜头切换过快且画质不清晰,画面完全看不清楚
                    │
                    └── 视频的整体时间规划不合理,产品出现得太晚
```

图 3-29

此外,很多商家的轮播视频只有动态的 SKU,而没有突出产品的卖点和品牌信息,这样的视频是不能起到吸引消费者的作用的。而且,有些商家的视频还是直接照搬其他平台的视频,更有甚者其视频中还保留着水印。

> **特别提醒** SKU 是 stock keeping unit(库存量单位)的缩写,通常每款商品都有对应的 SKU,便于电商品牌识别商品。

为了防止商家踩中以上误区,轮播视频的拍摄要提前做好脚本策划。例如,下面是一款女士牛仔裤产品,从标题和商品参数中即可看到产品的一些关键信息,如图 3-30 所示。

图 3-30

产品卖点为：显瘦百搭弹力小脚裤。竞品的买家痛点为：掉裆、低腰、显胖，商家便可以根据"显瘦百搭"这个卖点制作一个轮播视频脚本。

在拍摄视频时，模特可以尽量在镜头前多旋转身体，展示产品有弹力、不会紧绷的特点，如图 3-31 所示。

图 3-31

下面总结了轮播视频的脚本策划要点，如图 3-32 所示。

轮播视频的脚本策划要点：
- 全方位地深入了解产品，提炼产品的核心卖点
- 模拟产品的真实使用场景，让消费者看到使用效果
- 以用户关心的热度为准，按照优先级排列产品卖点

图 3-32

3.3.7 提炼的痛点要符合消费者的需求

虽然制作产品视频的主要目的是带货，但这种单一的内容形式难免会让观众觉得无聊。因此，商家可以在视频脚本中根据用户痛点，为消费者带来一些有趣、有价值的内容，提升他们的兴趣和黏性。

例如，在图 3-33 所示的卖洗衣机产品的视频中，可以看到该产品能够支持高温煮洗、婴童洗，健康又方便，符合消费者的需求。

图 3-33

很多时候，并不是商家提炼的卖点不够好，而是因为商家认为的卖点不是消费者的痛点，并不能解决消费者的需求，所以对他们来说也就没有吸引力了。

当然，前提是商家要做好产品的用户定位，明确用户是追求特价，还是追求品质，或者是追求实用价值，以此指导视频脚本的优化设计。

075

Chapter 04

第4章
标题：
提升点击次数

对于带货文案来说，标题在很大程度上影响着文案的点击率以及带货产品的转化变现能力。要想创作一篇高点击率的带货文案，一个好的标题是成功的第一步。本章笔者将为大家介绍高点击率标题的创作核心以及爆文标题的类型，为带货文案的撰稿人提供参考。

第 4 章 · 标题：提升点击次数

4.1 爆款标题的创作核心：轻松获取更多阅读量

关于带货文案的写作技巧，我们首先要提到的就是标题的设计。从上学开始，老师就常告诉我们写作文的技巧："题好一半文"。意思是一个好的标题就等于成功了一半。不过，优秀的标题也不是那么容易写出来的，本节我们将介绍撰写带货标题的一些技巧。

4.1.1 标题核心：一句话也有不少学问

用户最喜欢的带货标题就是简短好记的，扫一眼就可以在脑海里产生印象的最好。太过冗长的带货标题往往容易让用户反感，从而失去阅读的兴趣。

如图 4-1 所示，标题只有一行，而且这个标题明显、简单、直接，可以让人在看到的第一眼就知道这是关于全套彩妆商品的文案。

图 4-1

如何让标题为内容点睛，抓住用户的眼球是所有带货文案撰写者必须思考的问题。笔者给出的建议是，用一句话概括产品内容的核心，即让用户看到这个标题就知道文章内容是什么，这样做有以下两大好处，如图 4-2 所示。

```
┌─────────────┐      ┌──────────────────────────┐
│ 精准筛选受众 │─────→│ 帮助企业对目标受众进行精准筛选 │
└─────────────┘      └──────────────────────────┘
┌─────────────┐      ┌──────────────────────────┐
│ 节省筛选时间 │─────→│ 帮助受众节省筛选产品消息的时间 │
└─────────────┘      └──────────────────────────┘
```

图 4-2

带货的标题需要点题,必须在标题中体现带货所要表达的主题。一个主题模糊的标题不仅无法吸引用户,更是没有任何意义。而且对于带货写作文案的创作者来说,如果不能够用一句话概括产品的核心价值,说明其对带货内容的了解度还不够,还没有完全认识带货内容的本质。那么,对于这样的带货文案,其最终的营销效果会好吗?

同时,因为带货标题要用一句话点明主旨,这意味着标题的字数也要受到限制,具体限制在多少字呢?笔者觉得在 10～15 字比较好,就是在能够让用户扫一眼就看完的字数范围内,这样用户注意到并点击的概率会大很多。

> **特别提醒** 除此之外,在设计电商产品带货标题的时候,还可以尝试使用一些比较有吸引力的词来抓住用户的眼球。

4.1.2 标题方向:离爆文更进一步

一提到"标题党",可能大多数人都对其"恨之入骨",不过"标题党"也分不同的类型,按照标题的风格,可分为良性标题风格和恶性标题风格,如图 4-3 所示。

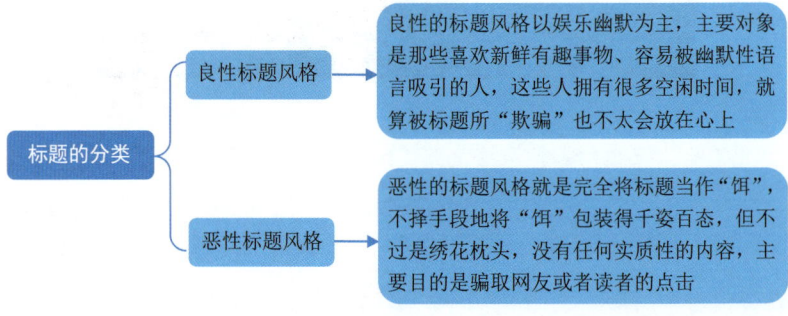

```
                    ┌──────────────┐    良性的标题风格以娱乐幽默为主,主要对象
              ┌────→│ 良性标题风格 │───→ 是那些喜欢新鲜有趣事物、容易被幽默性语
┌──────────┐  │     └──────────────┘    言吸引的人,这些人拥有很多空闲时间,就
│ 标题的分类│──┤                        算被标题所"欺骗"也不太会放在心上
└──────────┘  │     ┌──────────────┐    恶性的标题风格就是完全将标题当作"饵",
              └────→│ 恶性标题风格 │───→ 不择手段地将"饵"包装得千姿百态,但不
                    └──────────────┘    过是绣花枕头,没有任何实质性的内容,主
                                        要目的是骗取网友或者读者的点击
```

图 4-3

带货标题一定要与产品相符合，不能过于夸张，在标题内容的撰写上，创作者还需要掌握一定的技巧。

1. 打感情牌

感情牌的效果一般都会非常不错，这是因为人们都有同情受压迫者的天性。博取同情类标题最常用的手段就是先抑后扬，先说自己如何被人排挤，然后又是如何成功的。像这样的标题，一般都很吸引用户的眼球。

在标题里打出感情牌，站在用户的角度，很容易联想到自己想做而未做并且目前只是处于谈论阶段的事情，然后就会想这篇文章里面的主角是不是也和自己一样，心中充满了怀疑和担心，或者他是不是也觉得自己能力不足，从而促使用户点击。

感情牌分很多类型，除了博取同情之外，还可以借助人们容易被感动的事情、感动的心理打造标题。因为人是高级动物，拥有极其丰富的情感，尤其是对亲人朋友之间的感情。

因此，标题从父爱、母爱、闺蜜情，或者其他感情方面的内容入手，用情感打动用户，也是很容易走进用户内心的。

如图4-4所示，这是某个农产品的带货标题，这个标题最大的特点就是煽情，从"市场滞销""果子全部烂掉""痛苦和迷茫"这些词可以看出其中蕴含了商家很多复杂的情感。从这个标题可以看出这是个触动人心的故事，如果用户很想知道到底是什么情况，就一定会点击观看。

2. 隐含意义

隐含意义的标题就是通过一些具有暗示性的语言，让用户产生一种其他人都知道的事情，可是自己不知道的错觉，通过这种大众心理促使用户点击标题。

例如标题《我被同事"种草"的9件精致好物，竟然只要几十元！》，该标题首先告诉用户文章的主旨是有9件精致的好用产品，然后将后面的一句感叹句——"竟然只要几十元！"作为强调，用一种暗示性的语言让用户产生一种感觉：这 9 款产品很好用，并且价格很实惠。因此，用户就会有种想点进去的欲望，看看是哪 9 款产品。

图 4-4

再如，《太划算了吧！这么好看的老爹鞋三双竟然只要 100 元》这个标题隐含着一种暗示，暗示这个鞋又好看又便宜，会吸引很多用户购买，如图 4-5 所示。

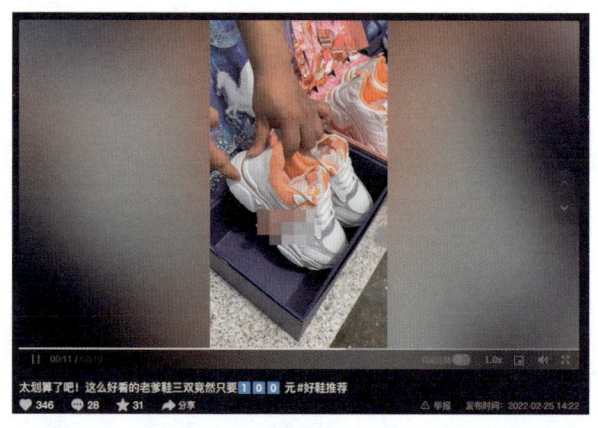

图 4-5

3. 有针对性

有针对性的标题是指针对某一主体，为这一主体遇到的问题提供解决方案和产品。这种标题很容易挖掘到潜在客户，在选择想要针对的群体时千万注意，不能将针对的目标定得太过狭窄。

如果带货产品的目标人群比较狭窄，可以适当地将目标扩大，只要不是偏离得太过分就没问题。例如下面这些标题示例。

- 《"中年"女歌手没有中年》
- 《谁说瘦子只有干瘪身材？会搭配的瘦子美翻你》
- 《天然双眼皮和割的双眼皮有什么区别》
- 《护肤有道：男士早上"极速"护肤》

这些标题都直接指出了针对的主体人群，例如《"中年"女歌手没有中年》针对的是中年群体；《谁说瘦子只有干瘪身材？会搭配的瘦子美翻你》针对的就是不会搭配的偏瘦的人群；《天然双眼和割的双眼皮会有什么区别》针对的是想割双眼皮的人群；《护肤有道：男士早上"极速"护肤》针对的是不会护肤的男性人群。

如图4-6所示，标题中的"专为男士定制""男士套装"都表明这个产品针对的是男士。

图 4-6

4．不按常理

不按常理出牌的标题，就是逆向思维的标题。逆向思维是指对人们已经习惯或者成为定论的事物，从反方向进行思考的一种思维方式，从事物的对立面进行思考,往往能够得出非常与众不同的观点,如图4-7所示。

逆向思维的三种方式

- **反转型逆向思维**：从已知事物的相反方向进行思考,简单理解就是直接反过来。
- **转换型逆向思维**：解决问题的手段受阻,转换成另一种手段或转换角度思考。
- **缺点型逆向思维**：思考是否能把缺点变成优点,化被动为主动,化不利为有利。

图 4-7

当所有人都按照正向思维进行产品介绍和带货的时候,有人能够从问题的反面进行探索,让标题显得与众不同,这样可能更容易吸引用户的目光,例如下面这些标题示例。

- 《因为一份种草清单,我被闺蜜踢出了群聊!》
- 《告别后厂村,我要去云南!》

> **特别提醒**：在遇到问题的时候,大多数人是沿着习惯性的思维方向进行思考的。然而,对于某些问题,如果进行逆向思考、从结论往回推,反而会使问题简单化。

5. 现身说法

现身说法的标题实际上就是讲一个真实的故事,而且这个故事是从自身角度出发的。当你想对自己的品牌进行宣传带货时,可以通过自身的励志故事出发,再与带货产品进行衔接。

如果想对某个企业进行宣传,那么这个标题可以让企业现身说法,讲述企业背后的故事。当然,所讲的故事必须积极、正面。

现身说法的标题一定要是积极正面的,不能是消极负面的,要知道人们都喜欢听故事,积极向上的故事能够给人带来激励,促使人们改变自己的行为，成为一个积极向上的人，就算不能改变行为，也能给予心理上的慰藉，让他们获得精神上的满足。

但是，消极负面的标题容易给人带来一种消极负面的情绪，这种标题是很容易遭人诟病的，自然就不会有人点进去看带货内容，更不会购买产品。

> **特别提醒** 使用现身说法类标题时要注意故事内容和带货产品的互相匹配。

6. 警醒作用

警告标题是一种有力量又严肃的标题，说得通俗一点，就是用标题给人以警醒。

警告式的带货标题，常以发人深省的内容、严肃深沉的语调给用户以强烈的心理暗示，尤其是警醒式的新闻标题，常常因其具有提醒、警示、震慑的作用而被很多带货文案创作者追捧和模仿，例如下面这些警告类标题。

- 《喷雾越喷越干，我们被骗了？》
- 《雷区吐槽，这 12 款化妆品再便宜也不要买！》
- 《离职柜姐透露：在专柜买护肤品时，打死别买这五种》
- 《看谁还在交智商税？这些垃圾水乳千万不要买。》
- 《这 3 种春装别穿！中一个都得出局！！！》
- 《秋冬雷区吐槽大会！快来看看谁是时尚的泥石流》，如图 4-8 所示。

> **特别提醒** 警告式带货标题并非随处都可以使用，有当用与不当用的时候。运用得当，能使标题熠熠生辉，起到其他标题无法替代的作用。运用欠妥的话，很容易使人反感或引起不必要的麻烦。因此，使用警醒式带货标题应小心慎重，注意言辞，绝不可草率。

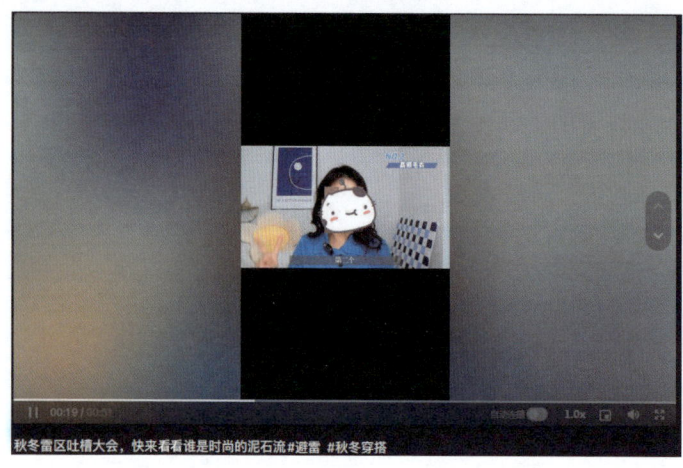

图 4-8

7. 给予承诺

承诺式标题也称许诺式标题，在撰写这类标题时，会在标题中体现这个产品所能带来的作用的一种承诺，可以是通过产品带来身体的健康，也可以是精神上的满足。

该类标题运用的范围很广，在任何领域都可以运用，但需要注意的是，商家要保证标题中的承诺一定是真实存在的，不然就有欺诈的嫌疑，如图 4-9 所示。

承诺式标题主要有三大类，如图 4-10 所示。

下面是承诺式标题的示例。

- 《这些祛痘产品，成分安全又有效！》
- 《拥有它，你就是闪闪惹人爱的小仙女！》
- 《时髦一个春夏，有这 5 件单品就够了！》
- 《赶不走的细菌螨虫，用它喷一喷就能消失！》

在这些带货标题中，第一则是向用户承诺为其提供成分安全且有效的祛痘产品；第二则是向用户承诺拥有该产品，就能成为闪闪惹人爱的小仙女；第三则是向用户承诺只要 5 件单品，就能时髦一个春夏，并且经济又实惠；最后一则是向用户承诺，只需要购买一个喷雾，就能让细菌螨虫全部消失。

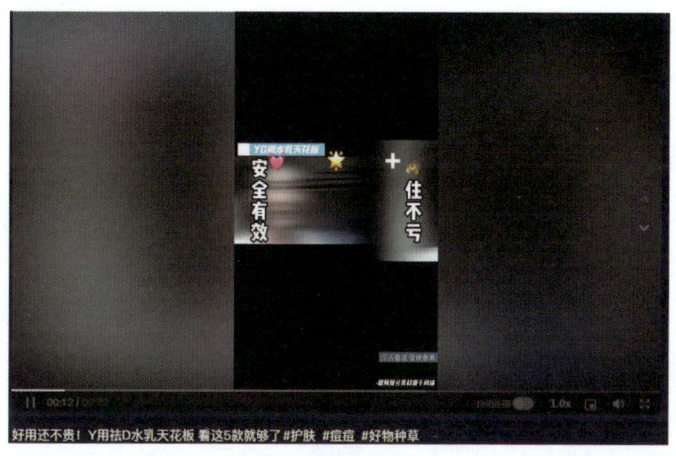

图 4-9

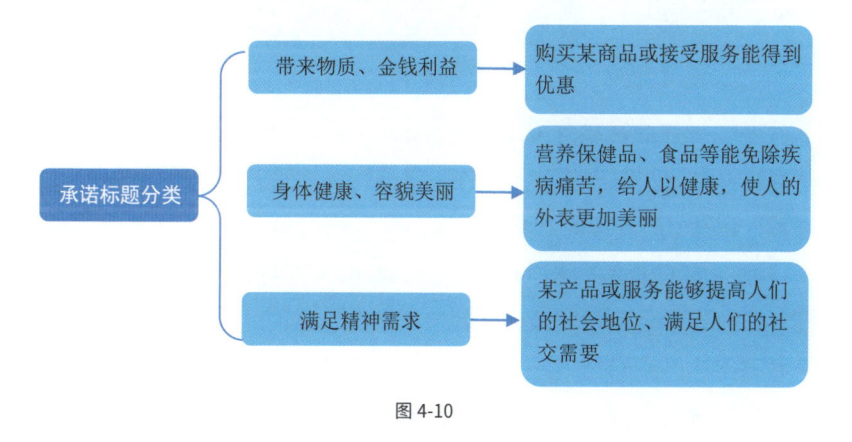

图 4-10

4.1.3　关键词：快速拆解爆文标题关键词

商家想要更全面地深入带货的世界，就得依靠关键词。关键词可以决定一篇带货文案是否带货有效，只要关键词放置得当，就能为带货创作者以及带货产品品牌创造一定的收益。

带货文案并不是简单的文字堆砌，一篇优秀的带货文案，是能够让人从标题就窥视出创作者具有以下几种能力。

- 带货文案功底是否深厚。
- 热点感知力是否敏锐。
- 产品观察力是否透彻。
- 对消费者的了解程度。

这些能力主要体现在带货标题的关键词、句式的运用、语言风格和词语选择上，而关键词是这些因素中最重要的一个。在带货的世界里，关键词通常有两层含义，如图 4-11 所示。

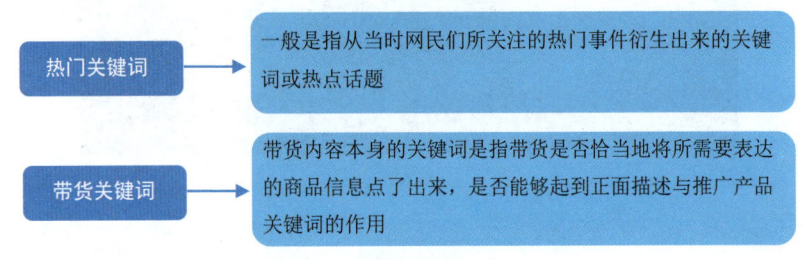

热门关键词	一般是指从当时网民们所关注的热门事件衍生出来的关键词或热点话题
带货关键词	带货内容本身的关键词是指带货是否恰当地将所需要表达的商品信息点了出来，是否能够起到正面描述与推广产品关键词的作用

图 4-11

热门事件通常具有实效性，因此品牌如果想运用热门事件创作带货标题，就要及时抓住热门事件，并把网络上的关键词融入其中，这样就很容易引起用户的注意。

那么如何挑选关键词呢？笔者在这里向大家推荐微博热搜榜（见图 4-12）以及百度搜索风云榜，这两个榜单都是一个通过大数据实时更新网络热点新闻的平台，并且都是根据网民的点击量与搜索量建立的十分权威的关键词排行榜，因此带货标题的创作者可以基于这些平台快速地找到适合自己带货产品的网络关键词。

带货标题中内容本身的关键词，其实是创作者将产品核心卖点提炼出来，让用户看到标题就能够了解产品核心卖点的词，这种关键词最好把握好以下几点内容。

- 标题采用的字眼通俗简单。
- 标题展示的是为人所熟悉的内容。
- 标题要有戳中产品对应消费者痛点的字眼。
- 标题指出能够为消费者带来的利益。

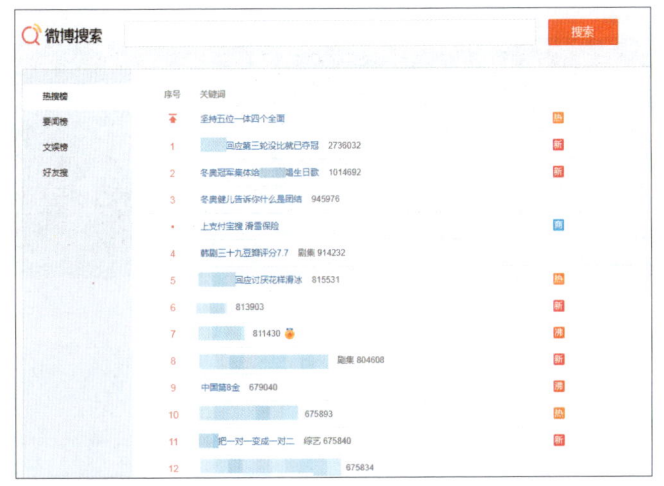

图 4-12

> **特别提醒** 关键词的重要性不言而喻，一个好的关键词，能够为商家带来更高的点击率，能够让更多的消费者看到带货内容，能够起到更好的宣传作用。

4.1.4 标题工具：一键生成标题提升效率

好的标题能够让带货视频拥有百万点击率，但是如何拥有一个好的标题呢？如果带货视频的标题取得不好，会让消费者一眼就看出营销目的，并且还会被其称呼为"标题党"，因此标题的好坏对一个带货视频的影响很大，如果带货产品优质，但是带货的标题不佳，那么带货效果也会大打折扣。

有的创作者好不容易想出带货的标题，并且与带货的产品相符合，但是标题不够吸引人，带货的点击率依然上不去。那么，如何解决提炼标题的困难，解救所谓的"取名废"人群呢？在本节中，笔者将为取名困难人群带来解决此烦恼的利器——标题工具。

"易撰"是一个为各类自媒体人提供原创检测、热点追踪等服务的大数据分析平台，如图 4-13 所示，对于带货的创作者来说是一个很好的工具，并且网站还提供标题大师的功能。

图 4-13

> **特别提醒**：标题工具是指输入关键词后即可通过智能化的数据筛选出适合的标题，并且这些标题都是拥有百万点击率的。带货的创作者可以选择筛选的标题，也可以对筛选的标题进行修改和调整。

在"易撰"首页，如果想选择自动生成标题功能，可以执行如下操作。

Step 01 在首页下拉到"易撰"会员特权的页面，❶选择"智能编辑器"选项；❷单击"免费试用"按钮，如图 4-14 所示。

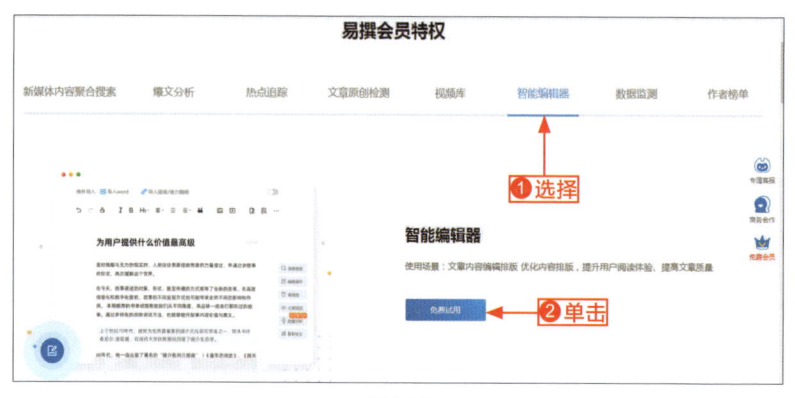

图 4-14

Step 02 进入编辑器界面后，页面有 4 个功能板块，分别是"标题生成""热门标题""标题学院""金句吧"，如图 4-15 所示。

Step 03 在"标题生成"页面的关键词区域，❶输入关键词；❷单击"随机生成"按钮，如图 4-16 所示。

图 4-15

图 4-16

4.1.5 标题库：提升创造好标题的能力

除了使用标题工具以外，还可以运用一些优质爆款带货所具有的标题规律，按照规律进行命题。这里笔者将为大家提供一个标题库，并讲述优质爆款标题的命题思路与规律。

标题在一定程度上相当于一个人的脸，决定着给他人的第一印象，因此标题的重要性不言而喻。那么，创造标题具有哪些思路呢？

首先，我们需要了解一篇抖音带货文案标题创作的基本核心——与用户具有相关性。凡是跟自身相关的，人们通常都会感兴趣，因此要想提高自己店铺产品的销量，相关性就是带货标题的核心。

通常，带货标题的受众就是指其带货产品所面向的人群。以下是体现带货标题创作基本核心的标题参考。

- ♣ 《"618"清单｜羊毛薅起来》
- ♣ 《"618"囤货攻略｜科学养猫怎么囤实用》
- ♣ 《大孩子送礼指南，娃会尖叫"我爹妈的品位赞爆了！"》
- ♣ 《种草机上线，让果汁系女孩欲罢不能的春夏口红合集来了！》

可以看出，不同的标题针对不同的用户人群，第一个标题针对"羊毛党"；第二个标题针对养猫的"铲屎官"；第三个标题针对大孩子的父母；第四个标题针对"果汁系女孩"。

了解了创作核心之后，笔者为大家总结了一个标题库，如图4-17所示。题库内的标题是根据爆款标题总结而成，共包括29种类型。

1. 悬念性标题	15. 描述型标题
2. 戏剧性/故事性标题	16. 对比型标题
3. 情绪型标题	17. 疑问式标题
4. 利益型标题	18. 数字（时间）型标题
5. 实用锦囊型标题	19. 愿望型标题
6. 新闻社论型标题（蹭热点）	20. 夸张式标题
7. 惊喜优惠型标题	21. 如何式标题
8. 好友对话标题	22. 前后反差型标题
9. 意外故事（矛盾式）标题	23. 警告型标题
10. 热点型（傍大款）标题	24. 提问型标题
11. 表情式标题	25. 理由型标题
12. 争议型标题	26. 见证型标题
13. 意外型标题	27. 创意型标题
14. 极限型标题	28. 与他有关型标题
	29. 说出心里话型标题

图 4-17

建立标题库的目的是方便下一次标题类型的选择，在下一次命题时可以依据带货的产品以及内容主题选择相应的标题类型，在一定程度上为标题的创作降低了难度。建立标题库的时候，我们可以利用一些工具，如印象笔记、excel表格等。图4-18所示为印象笔记，能够帮助你很好地建立标题库。

图 4-18

除了标题库之外，还可以对爆文标题进行拆解。例如，可将带货标题《我是怎么被一个 53 岁的女人种草 6 支口红的》拆解为"提出疑问＋潜意识反差"的结构。经常对高点击量带货标题进行拆解，可以加深自己对标题的理解并提高自身的命题能力。

又如，可将标题《世上怎么有这么讨厌又这么美的女二号？居然还这么种草》拆解为"提出疑问＋人物 IP 反差点＋感叹词"的结构。随着拆解次数的增多，对高点击量带货标题的命题规律也会越来越了然于心。

4.2 爆文标题类型：形成自己的文案标题框架

标题对于带货视频来说是不可忽视的一部分，可以这么理解，若标题不具有吸引用户的效果，那么整个视频肯定不会被用户点击浏览。所以，对于带货文案来说，标题是非常重要的，本节就来了解一下各种常用的爆文标题类型。

4.2.1 热点借势型：调动用户的好奇心

热点借势型的标题其重点是利用时下热点话题或者热门人物。热点借势型标题的优势在于可以因为热点而获得更多的流量，从而提高带货转化率。

一般来说,时事热点拥有一大批关注者,而且传播的范围也会非常广。带货视频的标题借助这些热点就可以让用户轻易地搜索到这个带货视频,从而吸引用户观看以及购买其中的产品。

那么,在创作热点借势型标题的时候,应该掌握哪些技巧呢?笔者认为,我们可以从 3 个方面来努力,如图 4-19 所示。

打造借势型标题的技巧
- 时刻保持对时事热点、热搜榜单的关注
- 懂得把握带货标题借势的最佳时机
- 利用名人效应,关注其学习以及工作等

图 4-19

以下是一些热点借势型带货标题的参考。

♣ 《"618"强薅羊毛攻略!力度堪比"双 11"!》
♣ 《"618"第一波清单来了!这些羊毛值得薅!》
♣ 《满 30 返 20,手机银行京东"618"购物狂欢节》
♣ 《以后你们的螺蛳粉由我来承包了》

第一、第二、第三个标题都利用了"618"购物节这一热点,最后一个带货标题利用了微博热搜"螺蛳粉"这一热点,如图 4-20 所示。

图 4-20

4.2.2 一本正经型：将基本要素告诉用户

一本正经型标题一般都是比较严肃的，就像新闻一样，能给人一种容易让人信赖的感觉。一本正经型标题有单行、双行等多种形式，只要清楚描述产品的功能、特色即可。

一本正经型标题具备新闻标题的特点，有一定的权威性，所以经常出现在品牌官方账号的带货文案中。图 4-21 所示为一本正经型标题示例。

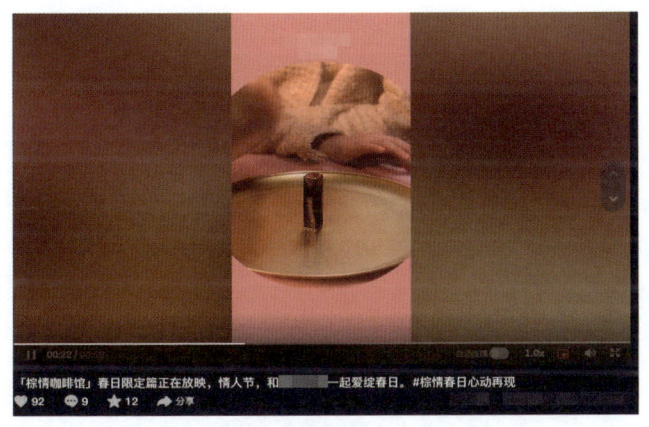

图 4-21

4.2.3 颠覆认知型：让用户有点击的欲望

颠覆认知型标题创作的重点是：与大众普遍认同的观点相异，甚至看到的用户可能会觉得不可思议，颠覆了用户习以为常的认知，如图 4-22 所示。

再如，《改了两个版本就成功融资 1500 万元，这款产品是如何做到的？》这个标题，只是改了两个版本就能融资这么多，这与人们日常生活的经验所违背，用户看到之后，就会想点击看是如何做到的。

在构思颠覆认知型标题时，创作者需要思考 3 点：第一点是你的标题是否会让消费者产生思考；第二点是标题是否会引发消费者的好奇心；第三点是你的带货标题是否会让消费者产生点击的欲望。

图 4-22

以下是一些颠覆认知型带货文案标题的参考。

✤ 《购物车必删的 23 种"智商税"商品,今年又省钱了》
✤ 《你不知道这个护肤品原来这么厉害》
✤ 《脸大怎么了?脸大的好处你不知道》
✤ 《卸妆 1 次修复 8 天?看这个产品的办法》

4.2.4　经验分享型:授之以鱼不如授之以渔

在生活中经验式标题特别受用户喜爱,因为用户以带有目的性的姿态观看带货视频,想在带货视频中吸取某一方面的经验与总结,当然这对创作者的逻辑性要求也很高。通过对大量产品的使用对比给用户一个清晰的结果,简单明了,用户观看之后可以少走很多弯路。图4-23所示为一个洗面奶带货标题示例。

图 4-23

4.2.5 扣住"十大"型：比普通更具影响力

所谓扣住"十大"型标题，就是指在标题中加入"10大""十大"之类的词语。这种类型标题的主要特点有：① 传播范围广；② 在网站上容易被转载；③ 容易产生一定的影响力，进而提高带货能力。下面就欣赏一下扣住"十大"型标题示例，如图4-24所示。

图 4-24

4.2.6 论述观点型：告诉用户重要观点

所谓的论述观点型标题，是以表达观点为核心的一种带货视频标题撰写形式，一般会在标题上精准到人，这些人可以是明星或者具有某方面经验的人士，如图4-25所示。这类带货视频会将人名放置在标题上，在人名后面会紧接着补充他对某件事的个人观点或看法。

下面来看几种论述观点型标题的常用公式。

- ✤ "某某认为＿＿＿＿＿＿"。
- ✤ "某某称＿＿＿＿＿＿"。
- ✤ "某某指出＿＿＿＿＿＿"。
- ✤ "某某：＿＿＿＿＿＿"。
- ✤ "专业教育家某某，他认为＿＿＿＿＿＿"。

下面欣赏几则论述观点型带货标题的案例。

- ✤ 《权威部门指出，量子点电视买前需三思》。

✣ 《人气防晒TOP10｜美容编辑告诉你，到底什么防晒霜好用》。
✣ 《养狗狗的好处有哪些？专家指出这5大优点》。

图 4-25

4.2.7 对比突显型：告诉用户产品的特色

对比突显型标题是通过与同类产品进行对比，来突出自己产品的优点，加深用户对产品的认识，图 4-26 所示为对比突显型标题案例视频。

图 4-26

特别提醒 在对比突显型标题中还可以加入悬念元素，这样更能突显标题的特色，吸引用户的注意力。

4.2.8 统计冲击型：与用户心灵产生碰撞

统计冲击型标题也叫数字冲击型标题，就是通过在标题中写明具体数据来吸引用户。

一般来说，数字对人们的视觉冲击效果不错，一个巨大的数字能与人们产生心灵的碰撞，很容易让人产生惊讶之感，人们一般都会通过数字想要得知其背后的内容，带货视频标题中的数字可以是产品的价格或者数量等。下面欣赏一个统计冲击型标题示例，如图4-27所示。

图 4-27

4.2.9 疑惑自问型：帮助用户答疑解惑

疑惑自问型标题又称问题式标题、疑问式标题。问题式标题可以算是知识式标题与反问式标题的一种结合，标题以提问的形式呈现出来，但用户又可以从提出的问题中知道带货内容是什么。

一般来说，疑惑自问型标题有7种公式，商家只要围绕以下这7种公式撰写标题即可。

- ♣ "什么是 _____"。
- ♣ "为什么 _____"。
- ♣ "怎样 _____"。
- ♣ "如何 _____"。
- ♣ "_____ 有哪些诀窍"。
- ♣ "_____ 有哪些秘籍"。
- ♣ "_____ 你了解吗？"。

下面欣赏一个疑惑自问型标题示例，如图 4-28 所示。

图 4-28

4.2.10　网络词汇型：分秒夺人眼球

　　网络词汇型标题就是将网上比较流行的字眼（如"奥利给""太难了""千万直拍""绝绝子""又双叒叕""是我站得还不够高吗"）嵌入带货视频标题中，让用户一看就觉得十分有新意，并且愿意浏览带货视频的内容。图 4-29 所示为两个网络词汇型标题带货示例。

第 4 章 · 标题：提升点击次数

图 4-29

Chapter 05

第5章
营销：
激发购买欲望

怎样的文案才算是优质的带货文案呢？在利用文案带货时，撰写者可以从4个方面来准备。俗话说，细节决定成败，那么这些细节在哪儿呢？本章将为大家讲述决定和影响文案能否带货成功的小细节，帮助撰写者打造爆款带货文案。

5.1 营销目标：达到事半功倍的带货效果

互联网时代，带货文案渐渐成为一种趋势，想要做好带货文案，还要懂得一些规律或者掌握一些必备要素。在本节中，笔者将为读者介绍带货文案的一些重要规律和要素。

5.1.1 调研：知彼知己，百战不殆

调研的重要性不言而喻，有句话说得好："没有调查就没有发言权"。如果想让带货文案一字千金，调研是必不可少的。下面，笔者将从调研的方向和调研的人群进行阐述。

1．调研方向

调研分为内部调研和外部调研。

（1）内部调研

内部调研包括调查带货产品的企业，如企业的创建历史、经营范围、商业模式、企业资质、荣誉、业绩、企业架构以及领导人资历、公司管理模式和办公环境、生产环境，另外，还有企业员工的工作以及生活状态等。

内部调研时，企业经营实力分析是相当重要的，主要需要做 4 个方面的分析，即产品竞争能力、技术开发能力、企业生产能力、市场营销能力。

（2）外部调研

外部调研则是全面了解这个产品行业的必要手段。所谓"知彼知己，百战不殆"，在这个市场竞争激烈的时代，了解市场环境、竞争对手，才有可能在激烈的竞争中占据一席之地。

外部调研的根本目标是掌握同类竞争品牌的一切动态，从中发现竞争对手的优缺点，帮助品牌制订恰当的应对措施，扩大市场份额，其中主要包括 3 个方面的调研，如图 5-1 所示。

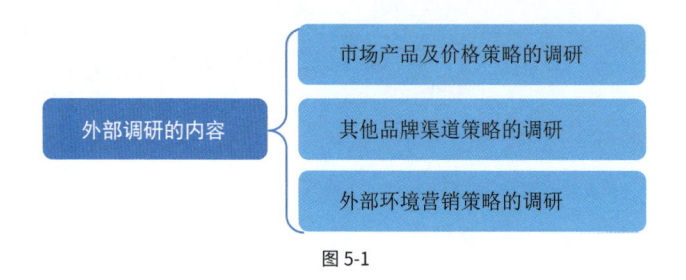

```
外部调研的内容 ─┬─ 市场产品及价格策略的调研
              ├─ 其他品牌渠道策略的调研
              └─ 外部环境营销策略的调研
```

图 5-1

外部调研的主要目的有两个：一是回避对手的优势，二是从中学习经验，如图 5-2 所示。

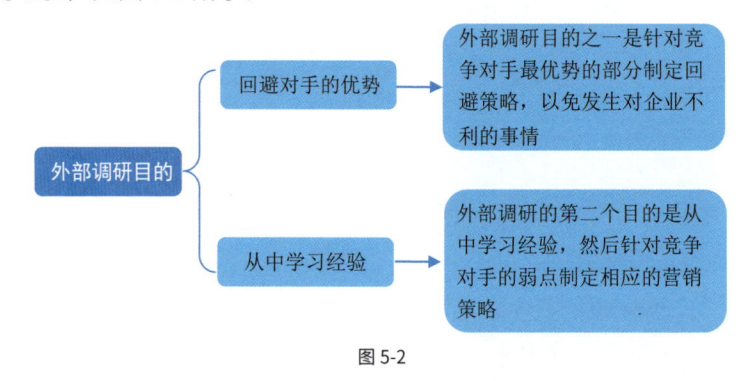

```
外部调研目的 ─┬─ 回避对手的优势 → 外部调研目的之一是针对竞争对手最优势的部分制定回避策略，以免发生对企业不利的事情
            └─ 从中学习经验 → 外部调研的第二个目的是从中学习经验，然后针对竞争对手的弱点制定相应的营销策略
```

图 5-2

2. 调研人群

在进行文案营销之前，商家要对不同的人群进行调研，所谓不同人群主要包括 3 类，如图 5-3 所示。

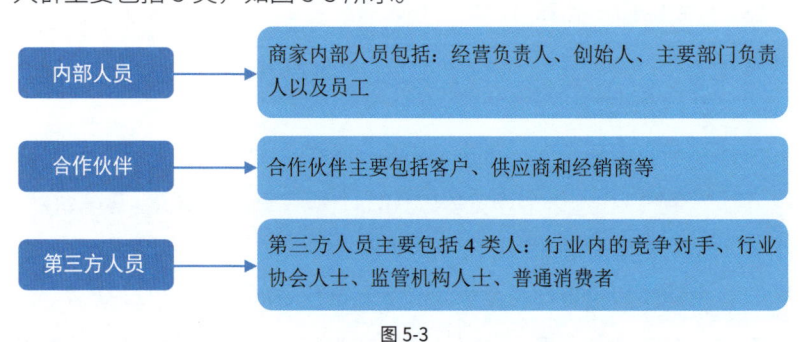

```
内部人员 → 商家内部人员包括：经营负责人、创始人、主要部门负责人以及员工

合作伙伴 → 合作伙伴主要包括客户、供应商和经销商等

第三方人员 → 第三方人员主要包括 4 类人：行业内的竞争对手、行业协会人士、监管机构人士、普通消费者
```

图 5-3

5.1.2 热点：与文案结合吸引眼球

带货文案想要抓住消费者的眼球，就需要让消费者看到有趣的东西。当然，你不可能知道所有人的兴趣，因此可以利用热点，如时事热点、热播电视剧、热播综艺节目等，就算不是所有人都在关注，也绝对是大部分人都会关注的。同时，一个有吸引力的标题也非常重要，在前面就讲到过标题的重要性和标题写作技巧。

一篇带货文案标题的重要性就犹如企业的 Logo，它是整篇带货文案的核心，它的好坏直接影响带货文案的成败。将热点和文案相结合，直接把热点内容嵌入带货文案中，能够对消费者产生更大的吸引力。

节日也可以作为热点，在带货文案中添加节日关键词，也属于与热点结合的文案。图 5-4 所示为 3·8 女王节的带货文案。

图 5-4

该篇带货文案就将产品与节日相结合。首先，标题直接指出了即将到来的 3·8 女王节，来引起消费者的注意。接着，由节假日引入护肤、美妆的内容。

5.1.3 排版：高质量文案的形象

带货文案如果不注重排版，那么一定不会让消费者有好的阅读体验，因此排版时一定要注意，尽量用严谨的态度、有条不紊的思路和专业的排版技术来提高文案质量。关于文案排版的建议有如下几点，如图 5-5 所示。

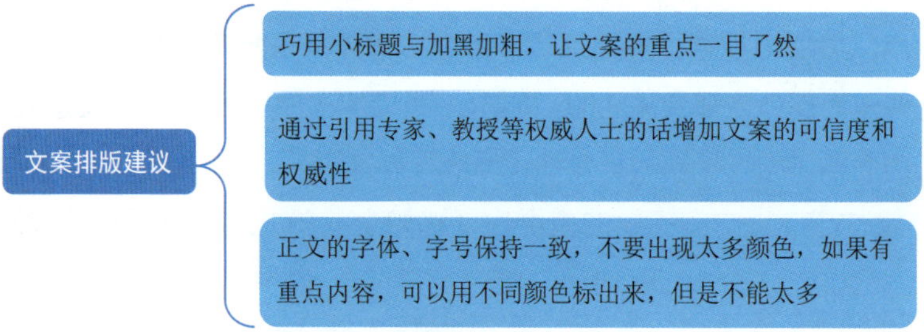

```
                    ┌─ 巧用小标题与加黑加粗，让文案的重点一目了然
                    │
                    │  通过引用专家、教授等权威人士的话增加文案的可信度和
        文案排版建议 ┤  权威性
                    │
                    │  正文的字体、字号保持一致，不要出现太多颜色，如果有
                    └─ 重点内容，可以用不同颜色标出来，但是不能太多
```

图 5-5

此外，每篇带货文案的排版风格会根据撰写者的不同有所差别，因为排版主要依照的是撰写者的个人审美。

5.1.4　平台：借助渠道努力扩展

带货文案发布平台的出现给不少进军电商的商家、企业带来了新气象，更为个人宣传指出了一条明路。每个带货文案发布平台都具有各自的特点，下面笔者将带大家了解带货文案的发布平台。

1. 优势

带货文案发布平台的优势很明显，主要有 3 点：能够提高文案的曝光率、能够提高产品的关键字排名以及能够快速提高品牌的效益。

> **特别提醒**　优秀的带货文案发布平台能够吸引全国知名新闻、娱乐等媒体的目光，进而吸引消费者的目光。

2. 常见平台

适合发布带货文案的平台有哪些呢？下面就一起来看看吧。

（1）新浪微博

新浪微博是常见的博客类平台，拥有大量的用户和巨大的流量。因此，对于带货商家来说，非常适合发布带货文案。图 5-6 所示为一些抖音种草带货文案的微博用户。图 5-7 所示为用户文案带货案例。

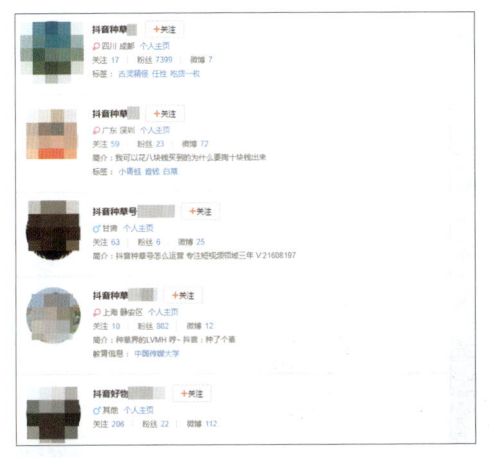

图 5-6

图 5-7

(2) 微信公众号

微信公众号是非常适合发布带货文案的平台，因为微信用户的基数大，公众号的点击量高，并且是人们最常使用的社交软件之一。

商家将相关的带货文案发布在公众号，能起到很好的带货作用。图 5-8 所示为一些发布文案带货的公众号以及热门的带货文案。

抖音电商从入门到精通：选品策略＋爆款文案＋客服话术＋用户体验

图 5-8

（3）朋友圈

朋友圈相对于微博更具私密性，主要面向列表的好友。在朋友圈带货抖音店铺中的产品，属于个人的私域流量经营。图 5-9 所示为朋友圈带货文案展示。

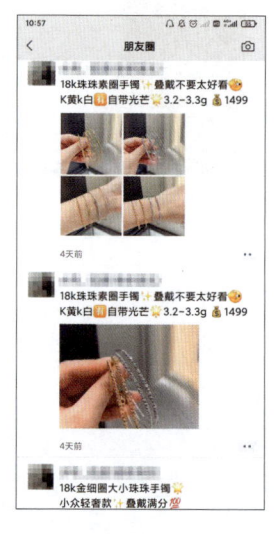

图 5-9

5.2 把握用户心理：让文案内容营销更引人入胜

虽然标题是消费者对带货文案的第一印象，但在实际的带货文案撰写中，撰写者在进行标题的拟定和思考之前，首先需要确定文案的正文内容。带货文案写得好与否，同样决定着带货文案结果的成功与否。

5.2.1 痛点＋文案＝激发购买欲

带货文案必须有痛点，如果找不到消费者的痛点，那么很遗憾，结果就只有一个，那就是隔靴搔痒，永远没有办法让消费者产生购买欲望。

带货文案要抓住消费者的痛点，通过"痛点"激发消费者的消费欲望，其主要流程如下。

Step 01 给消费者制造一个愉悦的兴奋点。
Step 02 给消费者制造一个"痛点"，让消费者产生不买就会后悔等情绪。
Step 03 通过心理落差的对比，激发消费者的购买欲望，实现带货文案营销的目的。

挖掘痛点是一个长期的过程，但是商家在寻找痛点的过程中，必须注意以下 3 点。

（1）对带货产品和服务充分了解。
（2）对竞争对手的产品以及服务充分了解。
（3）能够充分解读消费者的购买心理。

在把握好这 3 点之后就能做出差异化的产品定位，通过细分市场寻找痛点以及满足消费者的需求。

那么，在带货文案中，消费者的主要痛点有哪些呢？笔者总结了 7 点：安全感、价值感、自我满足感、亲情和爱情、支配感、归属感、不朽感。图 5-10 所示为满足消费者归属感的带货文案。

图 5-10

5.2.2 情景＋文案＝推动购买欲

带货文案并不只是用文字堆砌起来就完事了，而是需要用平平淡淡的文字拼凑成一篇带有画面感的文章，让消费者在读文字的时候，能够想象出一个与生活息息相关的场景，这样才能更好地勾起消费者继续阅读的兴趣。

简单点说，就是把产品的功能用文字体现出来，不是告诉消费者这是一个什么，而是要告诉消费者这个东西是用来干什么的。

在我们的生活中，就有很多情景式的文案广告，例如最经典的两个：

- ❖ "怕上火，喝王老吉"。
- ❖ "今年过节不收礼，收礼只收脑白金"。

首先，我们看王老吉的广告文案——"怕上火，喝王老吉"，从这句话中，我们可以看到，王老吉并不是在告诉消费者"我是一个什么"，而是在告诉消费者"上火的时候，记得要喝王老吉"，这就是一个典型的情景式文案，消费者看到后就会联想到某个画面，譬如吃火锅的时候，热火朝天的氛围中，桌子上摆着一瓶王老吉，用来消火的。

再看看脑白金的广告台词——"今年过节不收礼，收礼只收脑白金",从这句广告文案中,可以明显地看出脑白金可以用来送礼,尽管广告本身没有技术含量,可是脑白金还是非常深入人心。

因此,情景式的带货文案能够推动消费者的购买欲望,一般撰写者在撰写带货文案时,可以从两方面出发,如图 5-11 所示。

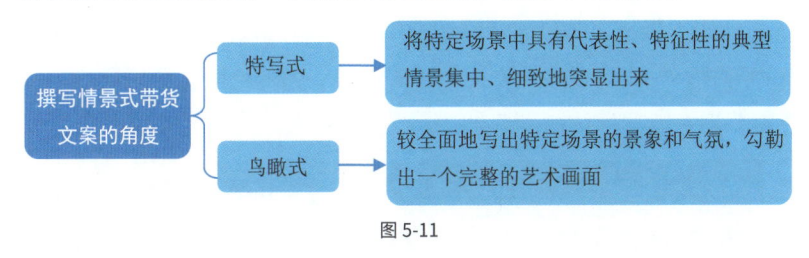

```
                    ┌─ 特写式 → 将特定场景中具有代表性、特征性的典型
撰写情景式带货            情景集中、细致地突显出来
文案的角度
                    └─ 鸟瞰式 → 较全面地写出特定场景的景象和气氛,勾勒
                              出一个完整的艺术画面
```

图 5-11

5.2.3 视频＋文案＝增加说服力

采用视频与文字结合的文案比纯文字的文案更吸引人,因为视频比文字更加直观,蕴含的信息量也更大,更能够从视觉上吸引消费者的目光。下面欣赏一个视频文案,该视频文案通过向大家展示使用的场景,让消费者了解这个产品的使用情况,与文案中的"亲测好用不踩雷"相呼应,增加说服力,如图 5-12 所示。

图 5-12

视频可以是产品图展示,也可以是产品的使用场景展示,还可以是产品的制作过程展示,撰稿者可以根据产品的类型选择视频内容的

109

类型，将视频与文案搭配在一起，不仅可以帮助消费者更好地了解产品，还能减少消费者的阅读疲劳感，更加能够提高文案的说服力。

5.2.4　话题＋文案＝提升吸引力

话题类带货文案是很多网络推广人员以及策划人士都很喜欢用的一种形式，如果可以成功制造一个具有吸引力的话题并且拓展成带货文案，那这篇带货文案无疑会取得相当大的成功，如图 5-13 所示。

图 5-13

将话题和带货文案结合起来，更能够引起目标群体的关注，收获不一般的效果，文案撰写者可以将这个方法巧妙地运用起来。

5.2.5　卖点＋文案＝提高销售量

做文案带货，如果没有在适时情景下讲清产品购买方式和渠道问题，90% 可以断定这将是一篇失败的带货文案。因为文案不是美文，不是小说，不是论坛上无所谓的八卦，带货文案的作用就是达成销售。所以，激发消费者的购买欲望，才是带货文案写作唯一的出路。

带货文案的关键切入点便是产品的卖点。图 5-14 所示为一个卖点文案示例，产品的卖点便是轻松育儿、书籍对家庭育儿的帮助等。该文案将产品的卖点展现得淋漓尽致，为父母下单提供了诸多充足的理由，父母又怎能不心动呢？

图 5-14

5.2.6 口碑＋文案＝扩大传播范围

　　口碑营销，顾名思义就是一种基于品牌、产品信息在目标群体中建立口碑，从而形成"辐射状"扩散的营销方式。在这个时代，口碑更多的是指企业、商家、产品在网络上给消费者的口碑印象。

　　口碑自古以来乃是口口相传，它的重要性不言而喻，就如小米，其超高的性价比造就了其高层次的口碑形象，让企业品牌在消费者中快速传播开来。如今有不少的商家想将口碑与带货文案营销相结合，企图进一步打造口碑，要想通过文案打造一个好口碑，那就需要做到以下几点。

1. 从新奇角度出发

　　人们往往更愿意去关注和分享新奇而有趣的事，文案带货也是如此，一篇有趣的带货文案总会引起用户的好奇，引发用户传播，所以当文案撰写者在策划利用口碑进行带货时，可以从新奇的角度出发。

2．刺激人们的心弦

不管是哪一种类型的消费者，都会有一根敏感的心弦，只要文案撰写者用文案刺激到了消费者的心弦，使其产生共鸣，就能拉近与消费者的距离，从而影响消费者，自然而然地形成口碑效应。

3．利益冲击

消费者最关心的就是自己的利益，如果文案撰写者能够以消费者的利益为出发点，让消费者能从带货文案中感受到自己能受益，那么产品自然就会受到消费者的拥戴，口碑传播也就自然而然地形成了。

4．杜绝虚假宣传

撰写者在借助口碑进行带货时，绝对要杜绝虚假宣传的情况发生。虽然这种做法能在短期内获得不少的关注，但是总会有东窗事发的时候。当消费者发现这种挂羊头卖狗肉的情况后，就会带着谩骂、失望离去，这就会大大损害商家的品牌信誉度，口碑营销就无法获得成功。

5.3　重点写作：打造爆款抖音短视频文案

文案是商业宣传中较为重要的一个环节，从其作用来看，优秀的文案具备强烈的感染力，能够给商家带来数倍的收益和价值。

在信息繁杂的网络时代，并不是所有的文案都能够获得成功，尤其是对于缺乏技巧的文案而言，获得成功更是难上加难的事情。

从文案写作的角度出发，文案内容的感染力来源主要包括以下5个方面，而我们写文案时，就需要从这5个方面重点考虑。下面笔者将对文案写作的相关要求进行重点解读。

5.3.1　规范化写作：获得大众认可

随着互联网技术的发展，每天更新的信息量十分惊人。庞大的原始信息量和更新的网络信息量通过传播媒介作用于每一个人。

对于文案撰写者而言，要想让文案被大众认可，要想在庞大的信息量中脱颖而出，那么首先需要做到的就是准确性和规范性。

在实际的应用中，准确性和规范性是对于任何文案写作的基本要求，具体的内容分析如图 5-15 所示。

准确规范的文案写作要求
- 表达要准确、完整、规范，避免出现语法错误等情况
- 避免使用易产生歧义或误解的词语，确保文字的准确性
- 以通俗化、大众化的词语为主，内容不能低俗和负面

图 5-15

5.3.2 结合热点：获得更多短视频热度

热点之所以能成为热点，是因为有很多人的关注。一旦某个内容成为热点之后，许多人便会对其多一分兴趣。

所以，在文案写作的过程中如果能够围绕热点打造内容，便能起到更好地吸引用户的目的。图 5-16 所示为围绕热点变装打造的带货视频。

图 5-16

> **特别提醒**　抖音搜索栏提供了热点榜，用户可以通过此榜单查看热点视频。另外，在抖音"推荐"模块也常常可以看见当前流行的热门视频，用户可以根据这些视频进行模仿拍摄。

5.3.3　生动表达：促使视频内容趣味化

形象生动的文案表达可以营造画面感，从而加深消费者的第一印象，让消费者看一眼就能记住文案内容。

每一个优秀的文案在最初都只是一张白纸，需要撰写者不断地添加内容，才能够最终成型。要想更有效地完成任务，就需要对相关的工作内容有一个完整认识。

而一则生动形象的文案则可以通过清晰的别样表达，在吸引消费者关注，快速让消费者接受文案内容的同时，激发消费者对文案中提及的产品产生兴趣，从而促进产品信息的传播和销售。

图 5-17 所示为生动表达的文案，该文案很形象地表达了博主的情绪。

图 5-17

5.3.4　精准定位：赢得消费者关注

精准定位同样属于文案的基本要求之一，每一个成功的带货文案都具备这一特点。图 5-18 所示为女装带货文案。

图 5-18

这个带货文案的成功之处就在于根据自身定位，明确地指出了目标消费者是微胖女生，能够快速吸引大量精准用户的目光。

对撰写者而言，要想做到精准的内容定位，可以从以下 4 个方面入手，如图 5-19 所示。

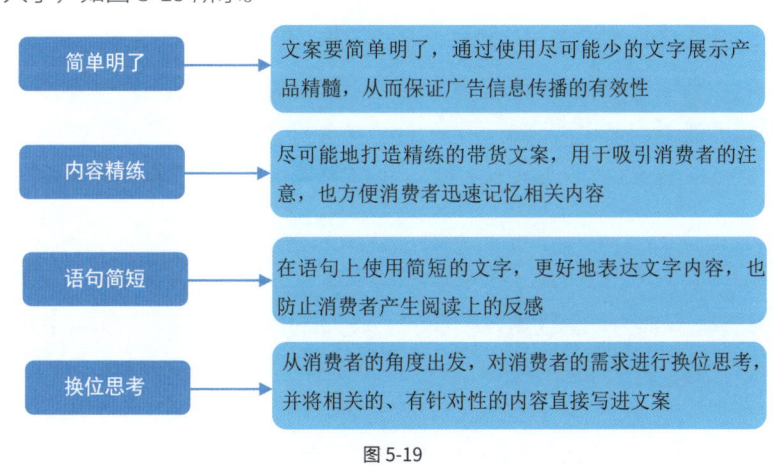

简单明了	文案要简单明了，通过使用尽可能少的文字展示产品精髓，从而保证广告信息传播的有效性
内容精练	尽可能地打造精练的带货文案，用于吸引消费者的注意，也方便消费者迅速记忆相关内容
语句简短	在语句上使用简短的文字，更好地表达文字内容，也防止消费者产生阅读上的反感
换位思考	从消费者的角度出发，对消费者的需求进行换位思考，并将相关的、有针对性的内容直接写进文案

图 5-19

5.3.5 添加创意：让带货视频脱颖而出

创意对于任何行业的带货文案都十分重要，尤其是在网络信息极其发达的当下，自主创新的内容往往能够让人眼前一亮，进而获得更多的关注。

图 5-20 所示为创意十足的视频文案。这个文案将直发棒与爆米花联系在一起，可谓创意十足，富有新意。

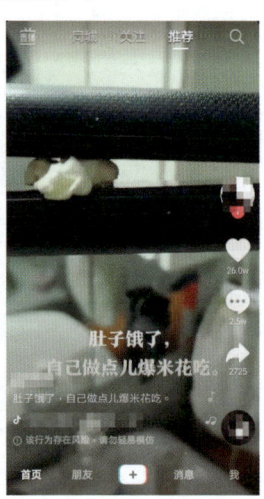

图 5-20

创意是为文案主题服务的，所以文案中的创意必须与主题有直接关系，创意不能生搬硬套，牵强附会。在常见的优秀案例中，文字和视频的双重创意往往比单一的创意更能够打动人心，并且可以在突出产品特色的情况下，更好地让用户从视觉上接受视频中推销的产品。

对于正在创作中的文案来说，如果想突显文案的特点，就必须在保证创新的前提下通过多种方式打造文案。文案表达主要有 8 个方面的要求，具体为词语优美、方便传播、易于识别、内容流畅、契合主题、易于记忆、符合氛围和突出重点。

5.4 规避错误：避免文案影响带货效果

与硬广告相比，文案不仅可以提供品牌的知名度、美誉度，同时发在门户站点的文案更能增加网站外链，提升网站权重。但是，想要创作一个好的文案不是一件容易的事，它对撰写者有着很高的要求。

不少运营人员和文案编辑人员在创作文案时，往往因为没有把握住文案编写的重点事项而以失败告终。本节就盘点一下文案撰写过程中需要注意的4大禁忌事项。

5.4.1　错误一：中心不明确

有的文案创作者在撰写文案的时候，不明确中心思想，将可以用一句话表达的意思反复强调，这样不仅会降低文章的可读性，也会让观众感到不满。虽然文案也是广告的一种形式，但是它追求的是"润物细无声"，注重将信息无形之中传达给目标客户，过度地说空话、绕圈子，会有吹嘘之嫌。

此外，文案的目的是推广，因而每篇文案都应当有明确的主题和内容焦点，并围绕该主题和焦点进行文字创作。然而，有的撰写者在创作文案时偏离主题和中心，乱侃一通，导致消费者一头雾水，营销力也就大打折扣。

带货文案的主要目的是营销，如果在一个文案中看不到品牌信息，也看不到任何营销推广的意图，那么这就是一则典型的中心主题不明确的文案。

5.4.2　错误二：求全不求精

文案写作无须很有特点，只要有一个亮点即可，这样的文案才不会显得杂乱无章，并且更能扣住核心。

如今，很多文案在传达某一信息时，看上去就像记"流水账"一般，毫无亮点，这样的文案其实根本就没有太大的价值，并且这样的文案内容较多，往往导致可看性低，让消费者感觉不知所云。

5.4.3　错误三：有量没有质

与其他营销方式相比，文案的成本相对较低，而且一个成功的文案也有一定的持久性。此外，文案发布后会一直存在于平台上，除非发布的那个平台倒闭了。当然始终有效，并不会马上见效，于是有的运营者一天会发几十个文案到平台上。

事实上，文案带货并不是靠数量就能取胜的，更重要的还是质量，一个高质量的文案胜过十几个一般的文案。然而事实却是，许多抖音电商运营者为了保证推送的频率，宁可发一些质量相对较差的文案，也不愿认真创作一个好的文案。

比如，有的抖音号几乎每天都会发布短视频，但是自己的原创内容很少。而这种不够用心的文案推送策略，所导致的后果往往就是内容发布出来之后并没有多少人看。

除此之外，还有部分抖音号运营者仅仅将内容的推送作为一个自己要完成的任务，只是想着要按时完成，而不注重内容是否可以吸引目标用户。

甚至有的抖音电商运营者会将完全相同的文案内容进行多次发布。像这一类文案，质量往往没有保障，并且点击量也会比较低，如图 5-21 所示。

图 5-21

针对"求量不求质"的运营操作误区，抖音电商运营者应该怎样避免呢？办法有两个，具体如下。

- 加强学习，了解文案营销的流程，掌握文案撰写的基本技巧。
- 聘请专业的文案营销团队，他们专注于文案撰写，文案质量很高。

5.4.4　错误四：脱离市场情况

文案大多是关于商家产品和品牌的内容，这些产品和品牌是处于具体市场环境中的，其所针对的目标也是处于市场环境中具有个性特色的消费者。因此，不了解具体的产品、市场和消费者情况是行不通的，其结果必然是失败的。

在编写和发布文案时，必须进行市场调研，了解产品情况，才能写出切合实际、能获得消费者认可的文案。在文案撰写过程中，应该充分了解产品，具体分析，如图 5-22 所示。

充分了解产品
- 做好市场定位分析，把握市场需求情况
- 了解目标消费者对产品最关注的是什么
- 了解产品竞争对手的具体策略及做法

图 5-22

而从消费者方面来说，应该迎合消费者的各种需求，关注消费者的感受。营销定位大师特劳特曾说过："消费者的心是营销的终极战场。"那么文案也要研究消费者的心智需求，具体内容如下。

（1）支配感

每个人都希望自己能够掌握自己的生活，不喜欢被动。支配感是一种对自己生活的掌控，也是源于对生活的自信，更是文案要考虑的出发点。

图 5-23 所示为充满支配感的视频带货文案，"我的唇色我做主"

充满了支配感，不禁让人想下单购买。

图 5-23

（2）价值感

自我价值的实现是一件让人感到愉悦的事情，因此将产品与实现个人价值结合起来更能够打动客户，如图 5-24 所示。例如，脑白金打动消费者的点便是满足了他们孝敬父母的价值感。

图 5-24

对于销售豆浆机的文案可以这样写："当孩子们吃早餐的时候，他们多么渴望不用再去街头买豆浆，而是能喝上刚刚榨出来的纯正豆浆啊！当妈妈将热气腾腾的豆浆端上来的时候，看着手舞足蹈的孩子，哪个妈妈会不开心呢？"一种做妈妈的价值感油然而生。

（3）归属感

有归属感的地方会让人忍不住想要留下，有归属感的物品也会让人爱不释手。值得注意的是，归属感就是一个标签，在每个标签下的人都有着一定的生活方式，他们的生活方式、消费观等都表现出一定的亚文化特征。

那么针对不同标签下的人，可以撰写不同的文案。比如在销售汽车的文案中，对于追求时尚的年轻人，可以这样写："这款车时尚、动感，改装也方便，是玩车一族的首选。"而对于那些成功人士则可以写："这款车稳重、大方，开出去见客户、谈事情比较得体，也有面子。"

（4）安全感

有的产品在使用过程中，有一定的危险，因此将产品的安全性撰写出来，能够很好地打消客户的顾虑。

比如，新型电饭煲的平台销售文案："这种电饭煲在电压不正常的情况下能够自动断电，能有效防范用电安全问题。"这一要点的提出，对于关心电器安全的家庭主妇一定是个攻心点。图 5-25 所示为充满安全感的电饭煲视频文案。

图 5-25

图 5-25 （续）

03 客服口才篇

Chapter 06

第6章
口才：
增加下单数量

主播在直播过程中，最需要的就是和粉丝进行互动和沟通，用自己的表达技巧吸引粉丝目光并获取流量，从而使商品可以卖出去，提升自己的带货效果。本章将介绍直播带货表达的相关技巧，帮助主播提高粉丝下单的积极性。

6.1 语言能力：打造一流的带货口才

出色的电商主播都拥有强大的语言能力，有的主播会多种语言，让直播间"多姿多彩"；有的主播讲段子张口就来，让直播间妙趣横生。那么，主播该如何提高语言能力、打造一流的口才呢？本节将从 3 个角度讲解提高语言能力的方法，如表达语言、聊天语言以及销售语言等。

6.1.1 表达语言：提高抖音内容的质量

一个人的语言表达能力在一定程度上体现了这个人的情商。对于抖音平台上的主播来说，可以从以下几方面提高自己的语言表达能力。

1．注意语句表达

在语句的表达上，主播需要注意以下两点。

♣ 主播需要注意话语的停顿，把握好节奏。

♣ 主播的语言表达应该连贯，听着自然流畅。

如果主播说话不够清晰，可能会在观众接收信息时造成误解。另外，主播可以在规范用语上发展个人特色，形成个性化与规范化的统一。总体来说，主播的语言表达需要具有这些特点：规范性、分寸感、感染力和亲切感，具体分析如图 6-1 所示。

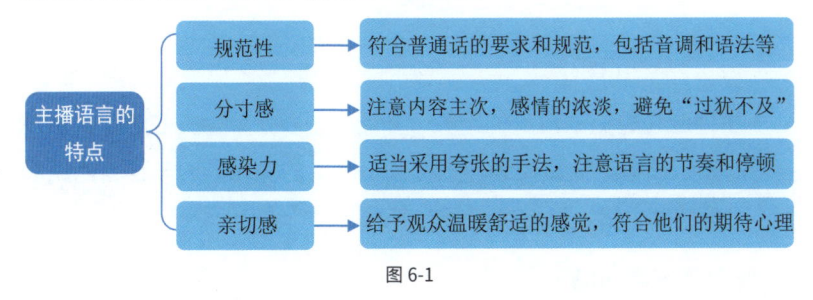

主播语言的特点	
规范性	符合普通话的要求和规范，包括音调和语法等
分寸感	注意内容主次，感情的浓淡，避免"过犹不及"
感染力	适当采用夸张的手法，注意语言的节奏和停顿
亲切感	给予观众温暖舒适的感觉，符合他们的期待心理

图 6-1

2．注意把握时机

在直播带货过程中，选择正确的说话时机也是非常重要的，这也是主播语言能力高的一种体现。主播可以通过观众评论的内容，来思考观众的心理状态，从而在合适的时机发表合适的言论，这样观众才会乐于接受主播推荐的产品。

3．结合肢体语言

单一的话语可能不足以表达，主播可以借助动作和表情进行辅助表达，尤其是眼神的交流，其次夸张的动作可以使语言更显张力，如图 6-2 所示。

图 6-2

4．自身知识积累

主播应注重提高自身的修养，多阅读，多积累相关的知识，提高自己的知识储备。大量阅读可以提高一个人的逻辑能力与语言组织能力，进而帮助主播更好地进行语言表达。

5．进行有效倾听

懂得倾听是一种能力，抖音上的带货主播也要学会倾听观众的心声，了解他们的需求，这样才能更快地把商品卖出去。

在主播和观众交流沟通的过程中，虽然表面上看是主播占主导，但实际上是以观众为主。观众愿意看直播的原因就在于能与自己感兴趣的人进行互动，主播要想了解观众关心什么、想要讨论什么话题，就一定要认真了解观众的心声和反馈。

6.1.2 聊天语言：让你的直播间嗨翻天

如果主播在抖音直播间带货时不知道如何聊天，遭遇冷场，那是因为主播没有掌握正确的聊天技能。下面为大家提供5点直播聊天的小技巧，为主播解决直播间"冷场"的烦恼。

1. 感恩心态：随时感谢观众

俗话说"细节决定成败"，如果在直播过程中主播对细节不够重视，那么观众就会觉得主播敷衍。在这种情况下，直播间很可能会出现粉丝快速流失的情况。相反，如果主播对细节足够重视，观众就会觉得他是在用心直播。当观众感受到主播的用心之后，也会更愿意关注主播和下单购物。

在直播的过程中，主播应该随时感谢观众，尤其是对给予了打赏的观众，还有新进入直播间的观众。除了表示感谢之外，主播还要通过认真回复观众的评论，让观众看到你对他们是很重视的，这也是一种转化粉丝的有效手段。

2. 换位思考：多为他人着想

当观众表达个人建议的时候，主播首先要站在观众的角度进行换位思考，这样更容易了解观众的感受。

其次，主播可以通过学习以及察言观色提升自己的思想水平和阅历。此外，察言观色的前提是心思细腻，主播可以细致地观察直播时以及线下互动时观众的态度，并且进行思考和总结，用心感受观众的态度，并多为他人着想。"为他人着想"主要体现在以下3个方面，如图6-3所示。

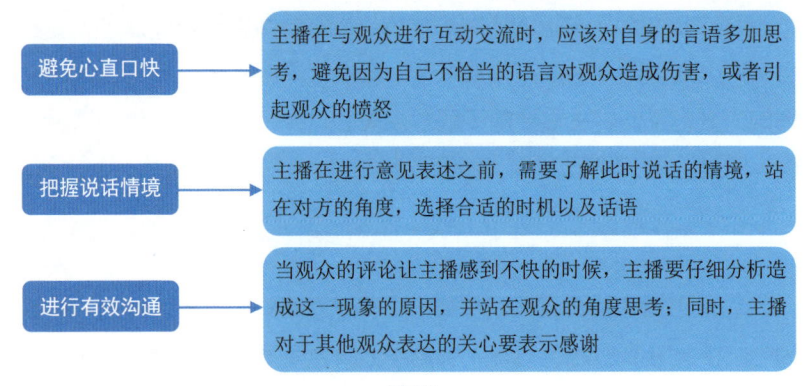

避免心直口快	主播在与观众进行互动交流时，应该对自身的言语多加思考，避免因为自己不恰当的语言对观众造成伤害，或者引起观众的愤怒
把握说话情境	主播在进行意见表述之前，需要了解此时说话的情境，站在对方的角度，选择合适的时机以及话语
进行有效沟通	当观众的评论让主播感到不快的时候，主播要仔细分析造成这一现象的原因，并站在观众的角度思考；同时，主播对于其他观众表达的关心要表示感谢

图 6-3

3．低调直播：保持谦虚态度

主播在面对观众的夸奖或批评时，都需要保持谦虚礼貌的态度，即使成为热门的主播也需要保持谦虚。谦虚耐心会让主播获得更多粉丝的喜爱，即使是热门的主播，保持谦虚低调也能让主播的直播生涯更加顺畅，并获得更多的"路人缘"。

4．把握尺度：懂得适可而止

在直播聊天的过程中，主播说话要注意把握尺度，懂得适可而止。例如，主播在开玩笑的时候，注意不要过度，许多主播因为开玩笑过度而遭到封杀。因此，懂得适可而止在直播中也是非常重要的。

还有的主播为了出名，故意蹭一些热点，或者发表一些负能量的言论，来引起观众的热议，增加自身的热度。这种行为往往都是玩火自焚，不仅会遭到大家的唾弃，而且可能会被平台禁播。如果在直播中，主播不小心说错了话，惹得观众愤怒，此时主播应该及时向观众道歉。

5．幽默技巧：提升直播氛围

幽默风趣的主播，更容易获得观众的喜爱，而且能体现主播个人的内涵和修养。所以，对于一个专业的抖音带货主播，幽默感也是必不可少的。在生活中，很多幽默故事就是由生活的片段和情节改编而来的。因此，幽默的第一步就是收集搞笑的段子和故事等素材，然后合理运用，先模仿再创新。

首先，主播可以在生活中收集一些幽默素材，将其牢记于心，做到脱口而出，这样能够快速培养自己的幽默感。

其次，主播也可以通过观看他人的幽默段子和热门的"梗"，再在直播间进行模仿，或者利用故事讲述出来，让观众忍俊不禁。

很多人都喜欢听故事，主播可以在故事中穿插幽默的语言，让观众更加全神贯注。

6.1.3 销售语言：提高主播的变现能力

在抖音直播中，主播要想赢得流量，获取观众的关注，需要把握观众的心理，并且在说话时投其所好。下面介绍 5 种提高主播销售语言能力的方法。

1．提出问题：直击消费者的痛点、需求点

主播在介绍产品之前，可以先利用场景化的内容，表达自身的感受和烦恼，与观众聊天，进而引出消费者的痛点、需求点，并且配合助播和场控一起保持话题的活跃度。

2．放大问题：尽可能放大用户忽略的细节

主播在提出问题之后，还可以将细节问题尽可能放大。例如，如果买家是孕妇，那么有的护肤品她们是不能使用的。主播便可以从观众评论中收集这些问题，然后通过直播将所有细节问题一一讲解，从而突出自己的产品优势，如图 6-4 所示。

3．引入产品：用产品解决前面提出的问题

主播提出问题之后，可以引入产品来解决问题。主播可以根据用户对痛点需求的关注程度排列产品卖点的优先级，全方位地展示产品信息，吸引买家。

图 6-4

总之，主播只有深入了解自己的产品，对产品的生产流程、材质类型和功能用途等信息了如指掌，才能在直播中将产品的真正卖点说出来。

4．提升高度：详细地讲解产品，增加附加值

引出产品之后，主播还可以从以下 3 个角度对产品进行讲解（如图 6-5 所示），为产品增加附加值。

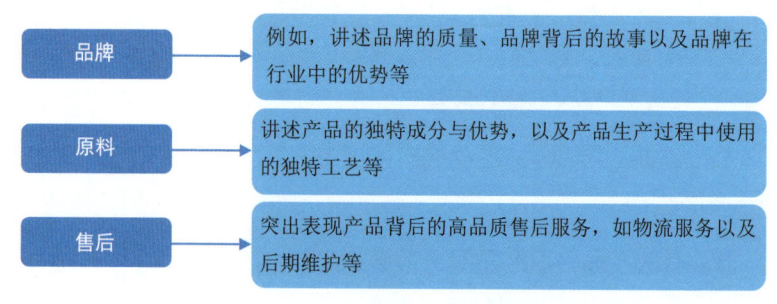

品牌	例如，讲述品牌的质量、品牌背后的故事以及品牌在行业中的优势等
原料	讲述产品的独特成分与优势，以及产品生产过程中使用的独特工艺等
售后	突出表现产品背后的高品质售后服务，如物流服务以及后期维护等

图 6-5

5．降低门槛：击破消费者购买的心理防线

讲完优势以及提高产品价值后，主播应该给观众提供本次购买的

福利，或者利用限制数量制造紧张氛围，让观众产生消费冲动，引导他们在直播间下单。

6.2 语句模板：让产品更容易卖出去

主播在直播带货过程中，除了要把产品很好地展示给观众以外，最好还要掌握一些直播带货技巧和表达技巧，这样才可以更好地推销产品，同时提升主播的商业价值。

由于每一个买家的消费心理和消费关注点都是不一样的，在面对合适且有需求的产品时，仍然会由于各种细节因素，导致最后没有下单。面对这种情况，主播就需要借助一定的销售技巧和话语突破买家的最后心理防线，促使他们完成下单行为。

本节将介绍几种抖音直播带货的技巧和语句模板，帮助主播提升带货能力，让直播间的产品销量更上一层楼。

6.2.1 介绍法：把产品优点讲出来

介绍法是介于提示法和演示法之间的一种方法。主播在抖音直播间带货时，可以用一些生动形象和有画面感的话语介绍产品，从而达到劝说观众购买产品的目的。图6-6所示为介绍法的3种操作方式。

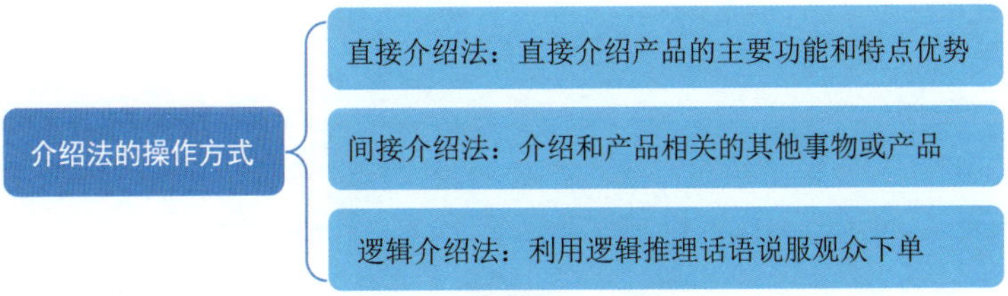

介绍法的操作方式
- 直接介绍法：直接介绍产品的主要功能和特点优势
- 间接介绍法：介绍和产品相关的其他事物或产品
- 逻辑介绍法：利用逻辑推理话语说服观众下单

图6-6

1. 直接介绍法

直接介绍法是指主播直接向观众介绍和讲述产品的优势和特色，让观众快速了解产品的卖点。这种直播表达话语的最大优势就是非常节省时间，能够直接让观众了解产品的优势，省却不必要的询问过程。

例如，对于服装产品，主播可以这样说："这款服饰的材质非常轻薄贴身，很适合夏季穿着。"这就是通过直接介绍服装的优点，提出服装的材质优势，吸引观众购买。

2．间接介绍法

间接介绍法是指通过向观众介绍与产品相关的其他事物来介绍产品。例如，如果主播想向观众介绍服装的质量，不会直接说服装的质量有多好，而是介绍服装采用的面料来源、成分构成，间接表达服装的质量过硬和值得购买的意思，这就是间接介绍法。

3．逻辑介绍法

逻辑介绍法是指主播采取逻辑推理的方式，通过层层递进的语言将产品的卖点讲出来，整个讲解的前后逻辑和因果关系非常清晰，更容易让观众认同主播的观点。

例如，主播在进行服装带货时，可以向顾客说："用几杯奶茶钱就可以买到一件美美的衣服，你肯定会喜欢。"这就是一种较为典型的逻辑介绍法，表现为以理服人、顺理成章，说服力很强。

6.2.2　赞美法：让观众更向往产品

赞美法是一种常见的直播带货表达方法，因为每一个人都喜欢被人称赞，喜欢得到他人的赞美。在这种赞美的情景之下，被赞美的人很容易情绪高涨，从而购买主播推荐的产品。

主播可以将产品能够为观众带来的改变说出来，告诉观众使用了产品后，会变得怎么样，通过赞美为观众描述梦想，让观众对产品心生向往。下面介绍一些赞美法的相关技巧，如图6-7所示。

另外，"三明治赞美法"也是赞美法里比较受人推崇的一种表达方法，它的表达方式是：首先根据对方的表现称赞他的优点；然后提出希望对方改变的不足之处；最后重新肯定对方的整体表现状态。通俗的意思是：先褒奖，再说实情，再说一个总结的好处。

例如，当观众担心自己的身材不适合这件裙子时，主播就可以这样说："这条裙子不挑人，大家都可以穿，虽然你可能有点不适合这款裙子的板型，但是你非常适合这款裙子的风格，不如尝试一下。"

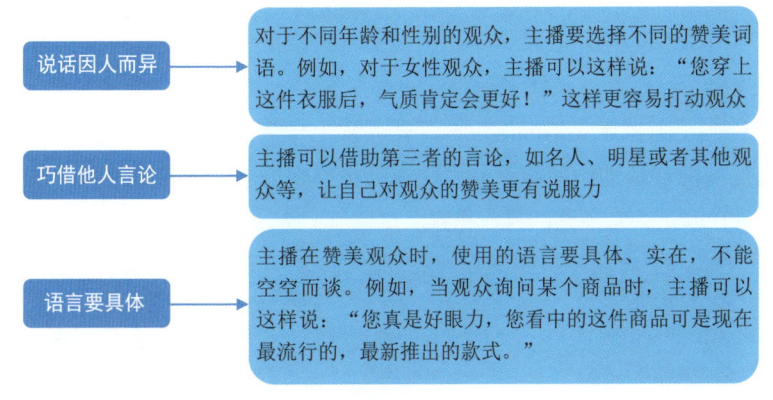

说话因人而异	对于不同年龄和性别的观众，主播要选择不同的赞美词语。例如，对于女性观众，主播可以这样说："您穿上这件衣服后，气质肯定会更好！"这样更容易打动观众
巧借他人言论	主播可以借助第三者的言论，如名人、明星或者其他观众等，让自己对观众的赞美更有说服力
语言要具体	主播在赞美观众时，使用的语言要具体、实在，不能空空而谈。例如，当观众询问某个商品时，主播可以这样说："您真是好眼力，您看中的这件商品可是现在最流行的，最新推出的款式。"

图 6-7

6.2.3 强调法：重要的话要说三遍

强调法，也就是需要主播不断地向观众强调这款产品有多么好，多么适合他，类似于"重要的话说三遍"。

当主播想大力推荐一款产品时，就可以通过强调法营造一种热烈的氛围，这样观众在这种氛围的引导下，会不由自主地下单。强调法通常用于直播间催单，让犹豫不决的观众立刻行动起来，相关技巧如图 6-8 所示。

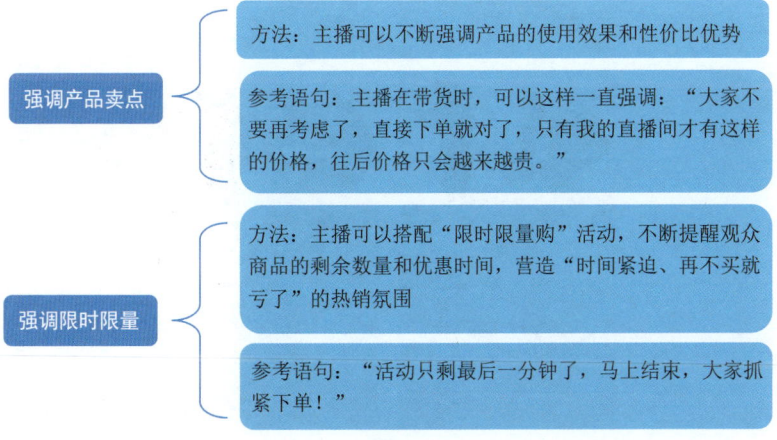

强调产品卖点	方法：主播可以不断强调产品的使用效果和性价比优势
	参考语句：主播在带货时，可以这样一直强调："大家不要再考虑了，直接下单就对了，只有我的直播间才有这样的价格，往后价格只会越来越贵。"
强调限时限量	方法：主播可以搭配"限时限量购"活动，不断提醒观众商品的剩余数量和优惠时间，营造"时间紧迫、再不买就亏了"的热销氛围
	参考语句："活动只剩最后一分钟了，马上结束，大家抓紧下单！"

图 6-8

6.2.4 示范法：创造真实场景模式

示范法也叫示范推销法，就是要求主播把要推销的产品通过亲自试用展示给观众，从而激起观众的购买欲望。

由于直播带货的局限性，使得观众无法亲自试用产品，这时就可以让主播代替他们使用产品，让观众更直观地了解产品的使用效果。图 6-9 所示为示范法的操作思路。

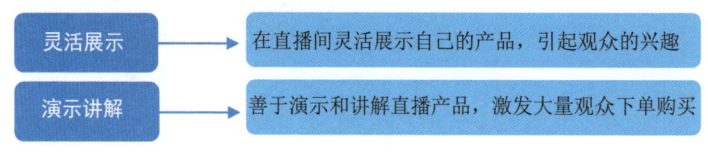

灵活展示	→	在直播间灵活展示自己的产品，引起观众的兴趣
演示讲解	→	善于演示和讲解直播产品，激发大量观众下单购买

图 6-9

示范法涉及的方法和内容较复杂，因为不管是产品陈列摆放或者当场演示，还是主播展示产品的试用、试穿或试吃等方式，都可以称之为示范法。

示范法的主要目的就是把产品的优势尽可能地全部展示出来，吸引观众下单。

例如，在图 6-10 所示的直播间，主播在讲解鞋子的外观特点和主要材质等，同时后面还有工作人员进行试穿演示，这种直播内容更容易让观众信服。

图 6-10

6.2.5 限时法：直接解决顾客犹豫

限时法是指主播直接告诉观众，本场直播在举行某项优惠活动，这个活动到哪天截止，在这个活动期，观众能够得到的利益是什么。此外，主播还需要提醒观众，在活动期结束后，再想购买，就要花更多的钱。

例如，"亲，这款服装，我们现在在做优惠降价活动，今天就是最后一天了，您还不考虑入手一件吗？过了今天，价格就会回到原价位，和现在的价位相比，足足贵了几百元呢！如果您想购买这款服装，必须尽快下单，机不可失。"

主播在直播间向观众推荐产品时，就可以积极运用限时法，给他们制造紧迫感。图 6-11 所示为运用了限时法的直播间，通过设置一个时间给观众们限时发福袋，观众只要在规定的时间内完成参与条件，便可以参与福袋活动。

图 6-11

使用限时法催单时，商家还需要给直播商品开启"限时限量购"活动，这是一种通过对折扣促销的产品货量和销售时间进行限定，来达到"饥饿营销"的目的，可以快速提升店铺人气和 GMV。

商家可以在抖店商家后台的"营销中心→营销工具"界面，❶单击"限时限量购"按钮进入其界面；❷单击"立即创建"按钮，如图6-12所示。

图 6-12

执行操作后，进入"设置基础规则"界面，如图 6-13 所示。商家可以在此设置活动类型和名称，并添加直播商品作为活动商品。创建限时限量购活动后，商家可以获得独有标签，吸引更多买家点击。

图 6-13

6.3 营造氛围：构筑销售氛围避免冷场

在抖音平台，直播作为一种卖货的方式，主播要通过自己的言行营造紧张感，给观众带来时间压力，刺激他们在直播间下单。

主播在直播带货时，必须时刻保持高昂的精神状态，将直播当成现场演出，这样观众也会更有沉浸感。本节将介绍一些营造直播带货氛围的相关表达技巧，帮助主播更好地引导观众下单。

6.3.1 开场招呼：念出观众的名字

主播在开场时要记得跟观众打招呼，下面是一些常用的模板。

❖ "大家好，主播是新人，刚做直播不久，如果有哪些地方做得不够好，希望大家多包容，谢谢大家的支持。"

❖ "我是××，我将在直播间给大家分享×××，而且会每天给大家带来不同的惊喜，感谢大家捧场！"

❖ "欢迎新进来的宝宝们，来到××的直播间，支持我就点个关注吧！"

❖ "欢迎××进入我的直播间，××产品现在下单有巨大优惠哦，千万不要错过了哦！"

❖ "新进来的宝宝们，记得点个关注哦，关注了稍后会有大礼送出。"

如果进入直播间的人比较少，此时主播还可以念出每个人的名字，下面是一些常用的打招呼模板。

❖ "欢迎×××来到我的直播间。"

❖ "嗨，××× 你好！"

❖ "哎，我们家×××来了。"

❖ "又看到一个老朋友，×××。"

当观众听到主播念到自己的名字时，通常会有一种亲切感，这样观众关注主播和下单购物的可能性也会更大。另外，主播也可以发动一些老粉丝去直播间跟自己聊天，带动其他观众评论互动。

6.3.2 时间压力：善用语言魅力带货

有很多人做过与时间相关的心理学实验，都发现了一个共同的特点,那就是"时间压力"的作用。

在用数量型信息营造超高的时间压力环境下,消费者很容易产生冲动性的购买行为。而在用内容型信息营造较低的时间压力环境下,消费者在购物时则会变得更加理性。

下面介绍一些能够增加"时间压力"的带货语句模板。

(1) 参考语句:"6号产品赶紧拍,主播之前已经卖了10万件!"

分析:用销量数据说明该产品是爆款,同时也能辅助证明产品的质量可靠,从而暗示观众该产品很好,值得购买。

(2) 参考语句:"××产品还有最后5分钟就恢复原价了,还没有抢到的朋友要抓紧下单了!"

分析:用倒计时制造产品优惠的紧迫感和稀缺感,让观众产生"自己现在不在直播间下单,就再也享受不到这么实惠的价格"的想法。

(3) 参考语句:"××产品主播自己一直在用,现在已经用了3个月了,效果真的非常棒!"

分析:主播通过自己的使用经历,为产品做担保,让观众对产品产生信任感,激发他们的购买欲望。需要注意的是,同类型的产品不能每个都这样说,否则就显得太假了,容易被观众看穿。

(4) 参考语句:"这次直播间的优惠力度真的非常大,工厂直销,全场批发,宝宝们可以多拍几套,价格非常划算,下次就没有这个价了。"

分析:主播通过反复强调优惠力度,同时抛出"工厂直销"和"批发"等字眼,会让观众觉得"商家已经没有利润可言,这是历史最低价",从而下单购买。

(5) 参考语句:"直播间的宝宝们注意了,××产品的库存只有最后100件了,抢完就没有了哦,现在拍能省××元,还赠送一个价值××元的小礼品,喜欢的宝宝直接拍。"

分析:主播通过产品的库存数据,暗示观众这个产品很抢手,同时还利用附赠礼品的方式,引导观众下单。

(6) 参考语句:"××产品在店铺的日常价是××元,去外面买会更贵，一般要××元，现在直播间下单只需××元，所以主播在这里相当于给大家直接打了5折，价格非常划算。"

分析：主播通过多方对比产品的价格，突出直播间价格的实惠，让观众放弃去其他地方比价的想法，从而在自己的直播间下单。

主播在直播带货时也可以利用"时间压力"的原理，通过自己的语言魅力营造一种紧张状态和从众心理，来降低观众的注意力，同时让他们产生压力，忍不住抢着下单。

6.3.3 暖场互动：拉近与观众的距离

在抖音直播中，主播需要和观众进行频繁互动，这样才能营造火热的直播氛围。因此，主播可以利用一些互动话语和话题，吸引观众深度参与，相关技巧如图6-14所示。

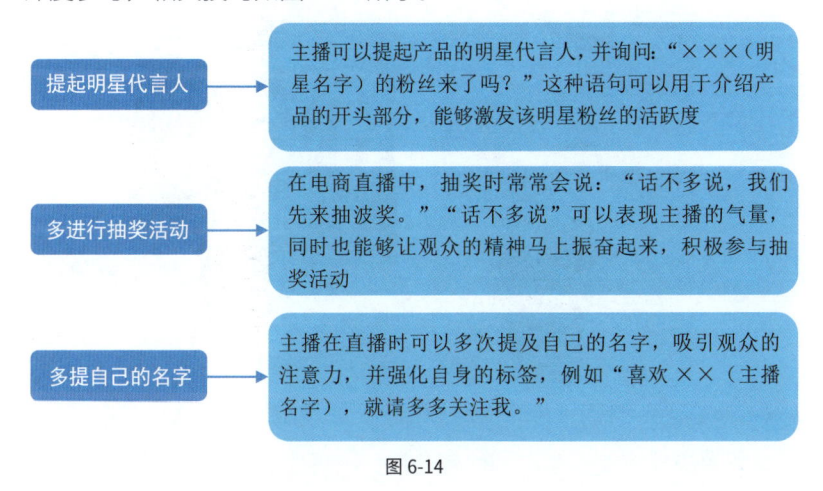

提起明星代言人	主播可以提起产品的明星代言人，并询问："×××（明星名字）的粉丝来了吗？"这种语句可以用于介绍产品的开头部分，能够激发该明星粉丝的活跃度
多进行抽奖活动	在电商直播中，抽奖时常常会说："话不多说，我们先来抽波奖。""话不多说"可以表现主播的气量，同时也能够让观众的精神马上振奋起来，积极参与抽奖活动
多提自己的名字	主播在直播时可以多次提及自己的名字，吸引观众的注意力，并强化自身的标签，例如"喜欢××（主播名字），就请多多关注我。"

图6-14

6.3.4 观众提问：积极回复引导互动

许多观众之所以会对主播进行评论，是因为他们对于产品或直播中的相关内容有问题。针对这一点，主播在策划直播脚本时，应尽可能地选择一些能够引起观众讨论的内容。这样做出来的直播自然会有观众感兴趣的点，而且观众参与评论的积极性也会更高一些。

抖音电商从入门到精通：选品策略＋爆款文案＋客服话术＋用户体验

当观众对主播提问时，主播一定要积极回复，这不仅是态度问题，还是获取观众好感的一种有效手段。下面总结了一些抖音直播间的观众常提的问题和对应的解答技巧，可以帮助主播更好地回复观众并引导他们互动。

1. 问题1："看一下××产品"

第一个常见的提问为"看一下××产品"或"×号宝贝试一下"，观众在评论中提出需要看某个产品或款式。观众这样评论的时候，表示观众对该产品产生了兴趣，需要主播讲解，如图6-15所示。

图 6-15

如果主播方便或者时间比较充裕，则可以马上拿出产品进行试用或试穿，同时讲解产品的功能和价格等方面的优势，并挂上产品链接引导观众下单。

2. 问题2："主播多高多重？"

第二个常问的问题是问主播的身高和体重，如："主播多高多重？"在直播间，通常会通过公告牌、文字、小黑板或悬浮图片素材展示主播的身高与体重信息，但观众可能没有注意这些细节，如图 6-16 所示。

图 6-16

此时，主播可以直接回复观众，提醒他们查看直播界面上的信息，有其他的问题可以继续留言。

3．问题 3："身高 ×××cm，体重 ××kg 的能穿吗？"

这类问题一般在服饰类直播间经常出现，观众在看到好看的衣服或裤子的时候，一般都会在下面留下评论："身高 ×××，体重 ×× 的能穿吗？"对于这类问题，主播可以让观众提供具体身高和体重信息，给予合理的建议，或者询问观众平时所穿的尺码，如图 6-17 所示。

对于卖连衣裙的直播间，主播可以说自己的产品是标准尺码，平时穿 L 码的观众，可以直接选择 L 码，也可以自行测量自身的腰围，再参考裙子详情页中的详细尺码信息，来选择适合自己的尺码。

4．问题 4："主播怎么不理人"

有时候观众会问主播"为什么不理人"，或者责怪主播没有理会他。这时候主播需要安抚该观众的情绪，可以回复说没有不理，并且建议观众多刷几次评论，主播就能看见了。如果主播没有及时安抚观众，可能会丢失这个潜在客户。

图 6-17

5．问题 5："什么时候发货？"

发货的时间是下单观众最关注的问题，如图 6-18 所示。如果观众买到自己非常喜欢的物品的话，便会迫不及待想要拿到那个物品，因此就迫切地想要知道具体的发货时间。对于这一类问题，主播只要在观众提出问题的时候，真实地进行解答便可以了。

图 6-18

6．问题 6："五号宝贝多少钱？"

最后一个问题是针对观众观看直播，但是他没有看商品的详情介绍，而提出的关于价格方面的问题。对于此类问题，主播可以引导观众在直播间领券下单，或者告诉观众关注店铺可享受优惠价。

6.3.5 卖货技巧：把气势和氛围做足

对于抖音主播来说，卖货是必须掌握的技能。因此，主播需要掌握卖货的表达技巧，来提升直播间的气势和氛围，促使观众跟随你的节奏下单。

主播要想在直播间卖货，前提条件是直播间有足够的氛围和人气，这样才能勾起观众的兴趣，让他们更愿意在直播间停留，从而增加更多成交和转化的机会。下面介绍一些主播与观众进行恰当沟通和互动的技巧，让直播间能够长久保持热度，如图6-19所示。

```
恰当沟通和    ┌─ 观众评论问题很多时，可以先截图保存再一一作答
互动的技巧   ─┼─ 回复观众的问题时要有耐心，不能随意地敷衍观众
              └─ 不断重复口播关键优惠信息，照顾后续进入的观众
```

图 6-19

当然，一般观众较多的直播间提问频率是非常高的，主播在面对大量的评论信息时，不可能一个个回答，这样会非常累，而且容易遗漏部分观众的问题，导致观众离开直播间。

因此，主播在开始介绍产品并卖货时，要多使用引导的语句，让观众根据主播的模板进行提问，这样能够统一回复大家的问题，相关案例如图6-20所示。

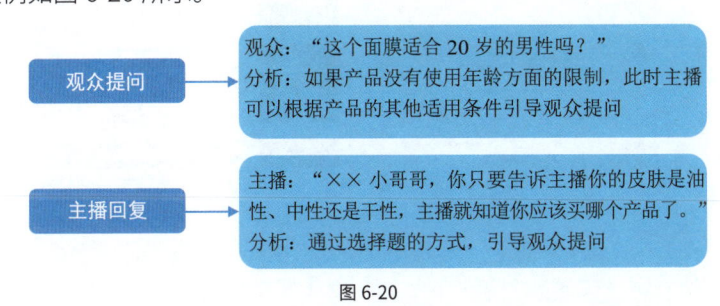

```
观众提问 → 观众："这个面膜适合20岁的男性吗？"
          分析：如果产品没有使用年龄方面的限制，此时主播
                可以根据产品的其他适用条件引导观众提问

主播回复 → 主播："××小哥哥，你只要告诉主播你的皮肤是油
                性、中性还是干性，主播就知道你应该买哪个产品了。"
          分析：通过选择题的方式，引导观众提问
```

图 6-20

143

主播需要掌握每个直播环节的表达要点，根据相关模板进行举一反三，将其变成自己专属的卖货语言，这样就能做到"以不变应万变"。

其实，直播卖货语言的思路非常简单，无非就是"重复引导（关注、分享）＋互动介绍（问答、场景）＋促销催单（限时、限量与限购）"，主播只要熟练使用这个思路，即可轻松在直播间卖货。

抖音直播卖货表达的关键在于营造一种抢购的氛围，来引导观众下单。下面给大家分享一些常用的秒杀表述模板。

- ♣ "××产品数量有限，就要卖完了，看中了马上下单哦。"
- ♣ "秒杀单品仅剩×件，抓紧时间，不然等会儿就抢不到啦。"
- ♣ "××元优惠券还剩最后××张，大家抓紧时间领券下单。"
- ♣ "本场秒杀活动只有最后10个名额了，再不抢就没了。"
- ♣ "主播倒数5秒计时，同时助播配合说出产品剩余数量。"

对于图6-21所示的秒杀直播间，商家就可以使用以上关于秒杀表述的模板带动直播间的气氛，提高销量。

图6-21

Chapter 07

第7章
客服：
打造金牌客服

随着店铺数量的增长，市场需要大量客服人员，而客服人员的素质却是参差不齐的。因此，商家要善于打造懂顾客、会销售的金牌客服，有效地提高客服人员的业务水平和产品的好评率，让店铺的销售额和口碑同时获得提升。

7.1 读懂顾客：轻松提高成交率

顾客都是"要面子"的，如果客服人员能够在把握其心理的基础上，采取相应的对策，那么推销将变得更加有针对性，而顾客也更容易对客服人员留下好印象。对于店铺客服来说，沟通就是一门语言的艺术，在与顾客的沟通过程中，客服人员只有灵活地表达，让顾客觉得舒服，才能更好地促成交易，提高产品的成交率。

7.1.1 分析心理：知道顾客心中所想

顾客在沟通时的表达，实际上是其心理的一种反映。如果客服人员能够分析顾客的心理，知道顾客心中所想，那么沟通将变得更加简单有效。

虽然顾客在购物过程中的心理是多种多样的，一旦客服人员处理不好，就有可能失去顾客。但是，顾客的心理也是有迹可循的，客服人员只需根据顾客的心理，采取相应的沟通技巧，便可以游刃有余地进行沟通，获得顾客的好感。下面就介绍几种沟通技巧。

1. **满足顾客的心理需求**

顾客之所以和客服人员进行沟通，除了让客服人员充当产品推介者之外，可能对于沟通本身还有一定的心理需求。比如，有的顾客可能希望客服人员能够足够尊重自己，有的顾客则希望客服人员能够根据自己的要求，准确地推荐产品，从而更快地找到适合的产品，提高购物的效率。

作为服务的提供者，客服人员需要做的就是尽可能地满足顾客的合理需求。因此，在与顾客沟通的过程中，客服人员还需满足顾客的心理需求，为顾客创造一个相对舒适的沟通氛围。

2. **用情感牌打动顾客**

通常来说，如果顾客是第一次在某店铺购物，对接待他（她）的客服是一无所知的，也正是因为这份陌生感，顾客很可能会担心客服人员是在忽悠自己，并时刻对客服人员产生防备心理。

在这种情况下，如果客服人员不能让顾客卸下防备心，顾客很可能就会因为不放心而打消购物的念头。这样一来，客服人员想要达到销售目标自然也就变成了一件难事。

其实，人是一种情感动物，只要他（她）还能接收你的情感讯号，那么只要你与之建立情感联系，打好感情牌，他（她）就会因为与你慢慢熟识而卸下防备心，甚至把你当成朋友，并出于信任，放心地购买你推荐的产品。一般来说，客服人员与顾客情感联系的构建可分为3个层次，具体如图 7-1 所示。

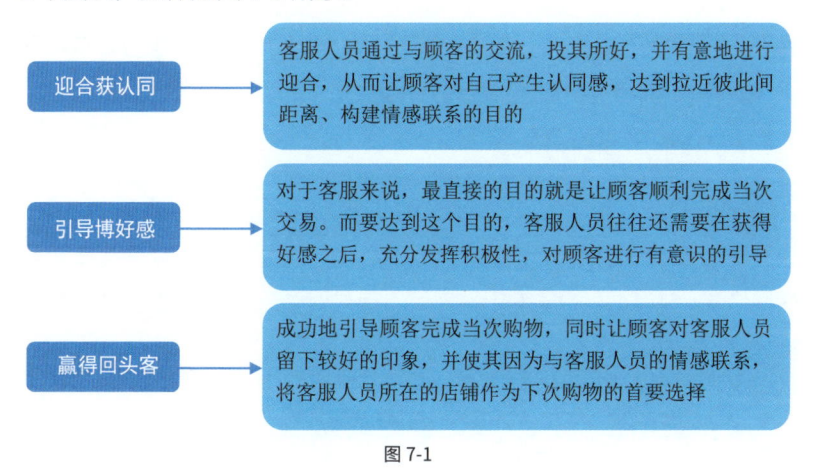

迎合获认同	客服人员通过与顾客的交流，投其所好，并有意地进行迎合，从而让顾客对自己产生认同感，达到拉近彼此间距离、构建情感联系的目的
引导博好感	对于客服来说，最直接的目的就是让顾客顺利完成当次交易。而要达到这个目的，客服人员往往还需要在获得好感之后，充分发挥积极性，对顾客进行有意识的引导
赢得回头客	成功地引导顾客完成当次购物，同时让顾客对客服人员留下较好的印象，并使其因为与客服人员的情感联系，将客服人员所在的店铺作为下次购物的首要选择

图 7-1

3．必须给予足够的重视

谁都是要面子的，顾客自然也不例外，因此在沟通中，客服人员需要给顾客足够的重视。当顾客就相关问题向客服人员询问时，他（她）必然会有一种希望得到足够重视的心理需求。

此时，如果客服人员能满足顾客获得重视的心理需求，那么顾客就会觉得你是"给他（她）面子"的。而这样一来，顾客就有可能对客服人员多一分好感，客服人员说的话，顾客也更容易听进去。

4．不要随便拒绝顾客

除了自身有需求之外，许多顾客之所以最终选择购买某个店铺的产品，很大一部分原因便是该店铺的产品以及客服人员给他（她）留下了较好的印象。所以，客服人员在服务过程中需要尽可能地让顾客心里感觉舒坦，给顾客留下好印象。

对于一般的客服人员来说，当顾客的要求不合理时，可能想得更多的是如何快点打发，但是金牌客服则会通过提供建议让顾客感受到善意，进而让顾客从路人转化为品牌或店铺的回头客，甚至是充当宣传员。这便是一般客服与金牌客服之间的差距。

所以，即便顾客提出的要求有些过分，客服人员也不应直接拒绝。当然，不直接拒绝也不代表要一味顺从。对于一些不合理的要求，客服人员可以用相对委婉的回答进行化解。

5．把握心理对症下药

人的心理是复杂的，顾客在沟通的过程中可能同时呈现多种心理，也有可能会由一种心理演变为另一种心理。而客服人员要想提高沟通的成功率，就需要把握顾客的具体心理，对症下药，制定具体的沟通策略。

7.1.2 端正态度：扮演好客服的角色

正所谓"在其位谋其政"，身为一位客服人员，就应该端正态度，扮演好自己的角色，明确自己的职业责任，为顾客提供高质量的服务。

1．客服人员的应有素质

每个职业都会有一些该职业必须具备的素质。因为客服人员是直接与服务对象接触的，所以在沟通过程中，客服人员一定要以顾客为中心，做到热情主动、诚实守信、待人有礼、认真负责，如图7-2所示。

第7章 客服：打造金牌客服

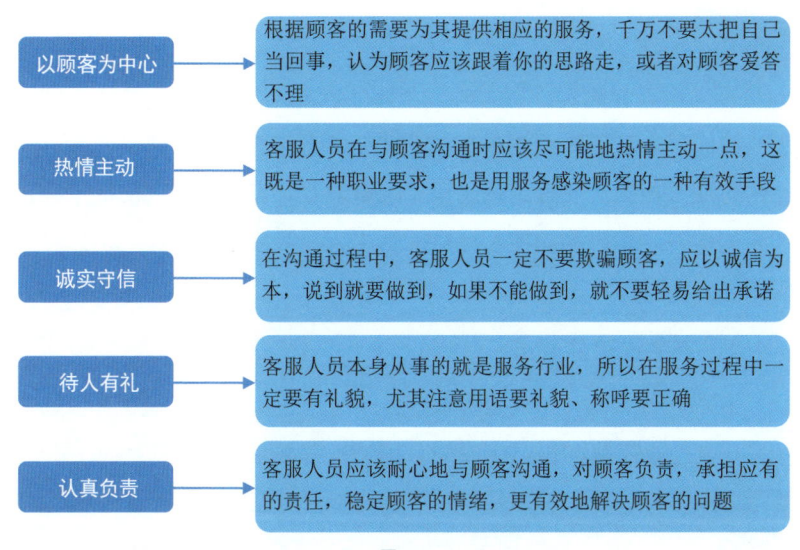

以顾客为中心	根据顾客的需要为其提供相应的服务，千万不要太把自己当回事，认为顾客应该跟着你的思路走，或者对顾客爱答不理
热情主动	客服人员在与顾客沟通时应该尽可能地热情主动一点，这既是一种职业要求，也是用服务感染顾客的一种有效手段
诚实守信	在沟通过程中，客服人员一定不要欺骗顾客，应以诚信为本，说到就要做到，如果不能做到，就不要轻易给出承诺
待人有礼	客服人员本身从事的就是服务行业，所以在服务过程中一定要有礼貌，尤其注意用语要礼貌、称呼要正确
认真负责	客服人员应该耐心地与顾客沟通，对顾客负责，承担应有的责任，稳定顾客的情绪，更有效地解决顾客的问题

图 7-2

2．掌握必要的沟通技巧

技巧之所以称之为技巧，就是因为掌握了之后，可以让人又好又快地解决问题。在与顾客沟通的过程中，即便是面对同样的问题，有的客服人员可能在短短几分钟之内就能解决，但是有的客服人员要花很长的时间处理，而且可能把事情弄得更糟糕。

所以，为了更好地解决顾客的问题，也为了提高自身的工作效率，客服人员掌握一定的沟通技巧还是很有必要的，如图 7-3 所示。

客服需要掌握的沟通技巧	做好充分的准备，找到不同顾客问题的应对方法
	通过寒暄拉近与顾客的距离，让顾客放下防备心
	清晰准确地表达信息，能够让顾客全面快速理解

图 7-3

此外，当出现问题时，客服人员不能一开始就说明理由，这只会让顾客更加气愤。客服人员应该首先道歉，用真诚的态度打动顾客。

7.1.3 产品介绍：增强产品的吸引力

部分顾客在购买产品之前，之所以会与客服人员进行交流，就是因为他们还未下定购买的决心，或者你的产品还没有足够打动他。所以，此时客服人员的产品介绍就显得尤为重要了。如果客服人员懂得结合顾客的需求展示产品的特色亮点，则更容易吸引顾客下单。那么具体应该怎么做呢？

1. 产品描述的要点

在做一件事时，如果能够掌握要点，便可以获得事半功倍的效果。产品描述也是如此。在描述产品的过程中，需要注意4个要点，如图7-4所示。

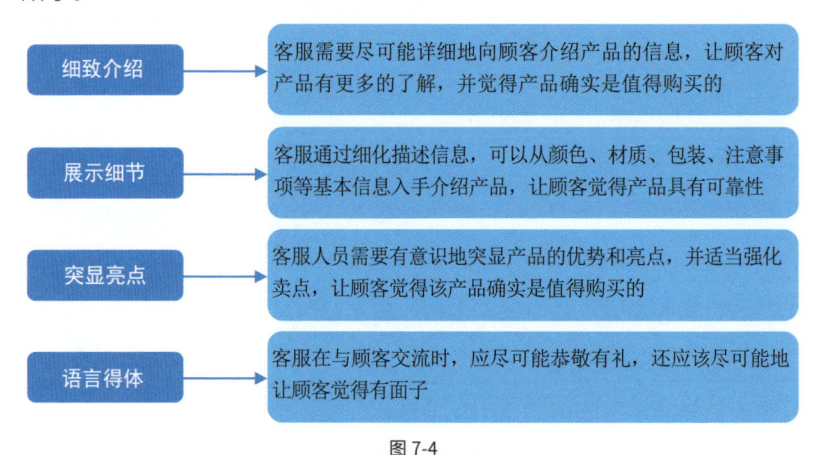

细致介绍	客服需要尽可能详细地向顾客介绍产品的信息，让顾客对产品有更多的了解，并觉得产品确实是值得购买的
展示细节	客服通过细化描述信息，可以从颜色、材质、包装、注意事项等基本信息入手介绍产品，让顾客觉得产品具有可靠性
突显亮点	客服人员需要有意识地突显产品的优势和亮点，并适当强化卖点，让顾客觉得该产品确实是值得购买的
语言得体	客服在与顾客交流时，应尽可能恭敬有礼，还应该尽可能地让顾客觉得有面子

图 7-4

2. 有技巧地进行介绍

产品介绍就好比射击，如果客服人员毫无针对性地介绍，就相当于在胡乱射击。那样不仅会浪费大量的时间和精力，还会让顾客觉得客服人员水平不行。所以，在介绍产品的过程中，客服人员有必要掌握一定的技巧，让自己的表达更加能打动顾客，如图7-5所示。

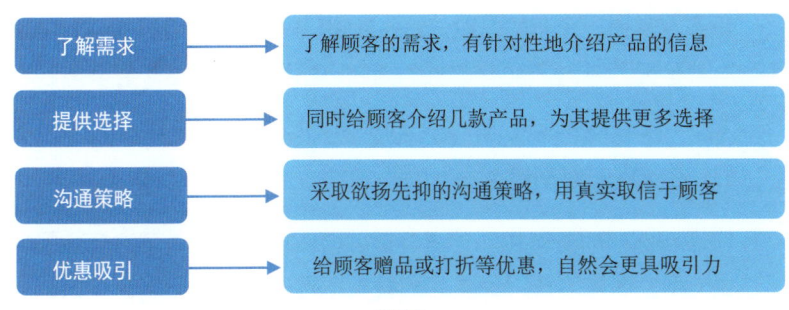

了解需求	了解顾客的需求,有针对性地介绍产品的信息
提供选择	同时给顾客介绍几款产品,为其提供更多选择
沟通策略	采取欲扬先抑的沟通策略,用真实取信于顾客
优惠吸引	给顾客赠品或打折等优惠,自然会更具吸引力

图 7-5

3. 常见的产品介绍雷区

在介绍产品的过程中,有一些禁忌,或者说是雷区,是不可触犯的。下面对 5 种常见的介绍雷区进行说明,希望可以在警示之余,让商家更好地避免"触雷",如图 7-6 所示。

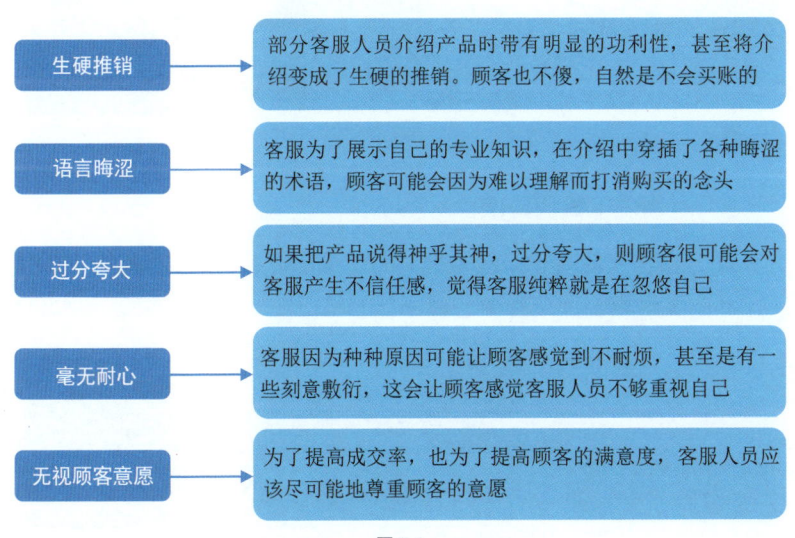

生硬推销	部分客服人员介绍产品时带有明显的功利性,甚至将介绍变成了生硬的推销。顾客也不傻,自然是不会买账的
语言晦涩	客服为了展示自己的专业知识,在介绍中穿插了各种晦涩的术语,顾客可能会因为难以理解而打消购买的念头
过分夸大	如果把产品说得神乎其神、过分夸大,则顾客很可能会对客服产生不信任感,觉得客服纯粹就是在忽悠自己
毫无耐心	客服因为种种原因可能让顾客感觉到不耐烦,甚至是有一些刻意敷衍,这会让顾客感觉客服人员不够重视自己
无视顾客意愿	为了提高成交率,也为了提高顾客的满意度,客服人员应该尽可能地尊重顾客的意愿

图 7-6

7.1.4 消除疑虑:给顾客吃颗定心丸

在抖音购物时,顾客毕竟只能通过视频或者图片了解产品信息,而无法亲自查看实物。所以,顾客对购物有疑虑是一件很正常的事。

其实，从另一个方面来看，顾客之所以就相关疑虑咨询客服人员，很可能就是因为其对产品有需求。因此，如果客服人员能够消除顾客的疑虑，给顾客吃颗定心丸，便有可能提高产品的销量。

1．对产品本身的疑虑

因为网购时顾客是无法亲自查看产品的，所以许多顾客在售前沟通过程中都会表达对于产品本身的疑虑，担心产品的质量不过关、尺寸不标准、品牌不可信、款式已过时等问题。对此，客服人员需要做的就是根据顾客的疑虑对症下药，让顾客对产品多一分信心，具体包括图 7-7 所示的几个方面。

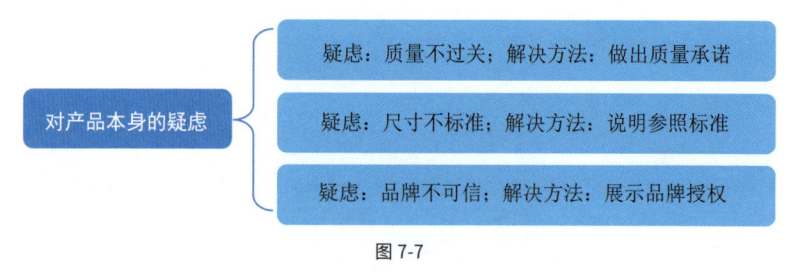

对产品本身的疑虑
- 疑虑：质量不过关；解决方法：做出质量承诺
- 疑虑：尺寸不标准；解决方法：说明参照标准
- 疑虑：品牌不可信；解决方法：展示品牌授权

图 7-7

2．对物流运输的疑虑

部分顾客还会有物流运输相关的疑虑，会直接影响顾客下单的决心。客服人员需要做的就是向顾客说清楚，做好必要的保障，消除顾客的疑虑，如图 7-8 所示。

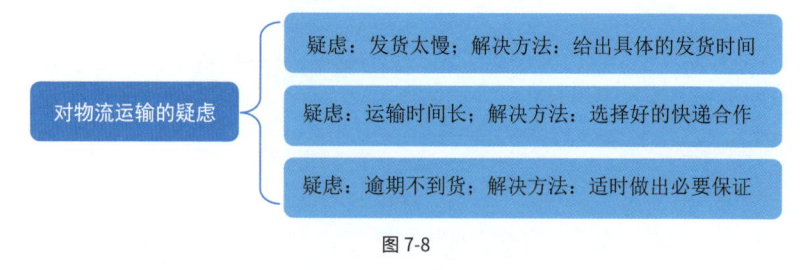

对物流运输的疑虑
- 疑虑：发货太慢；解决方法：给出具体的发货时间
- 疑虑：运输时间长；解决方法：选择好的快递合作
- 疑虑：逾期不到货；解决方法：适时做出必要保证

图 7-8

3．对售后服务的疑虑

与在实体店购物不同，在抖音网购过程中如果出现了问题，顾客通常不可能直接去店铺要说法。所以，为了让购物多一分保障，在沟通过程中，顾客可能会询问一些关于售后服务的问题。例如，产品是否保修、能否退换、是否可以及时处理相关问题等，下面给大家提供一些相应的策略，帮助大家找到合适的应答技巧，消除顾客对售后服务的疑虑，如图7-9所示。

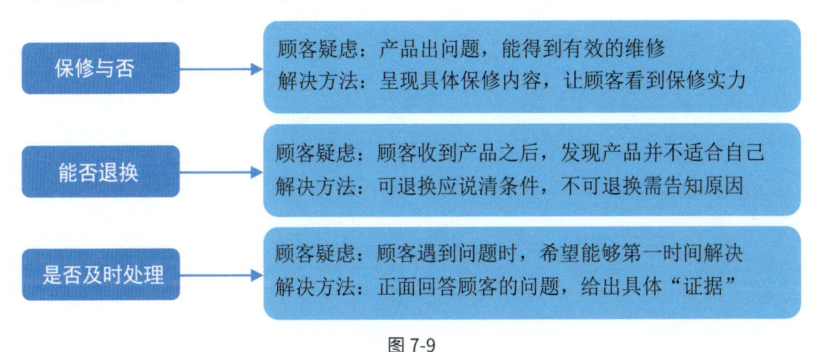

- **保修与否** → 顾客疑虑：产品出问题，能得到有效的维修
  解决方法：呈现具体保修内容，让顾客看到保修实力

- **能否退换** → 顾客疑虑：顾客收到产品之后，发现产品并不适合自己
  解决方法：可退换应说清条件，不可退换需告知原因

- **是否及时处理** → 顾客疑虑：顾客遇到问题时，希望能够第一时间解决
  解决方法：正面回答顾客的问题，给出具体"证据"

图 7-9

7.1.5 会听会问：做"懂事"的客服

人是一种受情绪影响的生物，客服人员如果能给顾客营造愉悦的沟通氛围，那么顾客通常也会更加爽快一些。

而顾客与客服人员沟通的感受又主要来自客服人员的倾听和发问，所以掌握一定的规则，做一名会听会问的客服人员就显得尤为重要了。

在与顾客沟通的过程中，客服人员作为店铺的代表固然是要扮演好推荐员的身份，但是也不能盲目地进行推荐。

因此，在此过程中，做好顾客意见的倾听者，做一个"懂事"的客服是非常重要的。那么，具体要怎样做好一个"懂事"的客服呢？

1. 认真听，少说话

要想为顾客营造愉快的沟通氛围，客服人员就需要做到会听会问。而作为一个会听的客服，首先就要摆正自己的位置，认真听，少说话，做到"少说多听"。

当然，客服人员与顾客交流时，用信息输入代表了说话，此时的"少说"指的就是尽可能地减少表达自己的想法。

需要特别说明的是，此处仅仅是指顾客在表达时要"少说多听"。也就是说，这条规则只适用于特定的情况。

当顾客希望得到相关信息，或者必须告知顾客某些内容时，客服人员只需根据实际情况进行表达即可。

2. 不要打断顾客

相信许多读者和笔者一样，在很小的时候便被父母教导不要在别人说话的时候插话，这是人与人交流过程中应有的礼貌。日常的交流尚且需要做到不随意插话，更何况客服人员与顾客还是服务与被服务的关系。

所以，在与顾客沟通的过程中，客服人员一定要认真倾听，确定顾客表达完后再说话，切记不要插话，不要随意打断顾客。

3. 适时做出回应

虽然会听更倾向于倾听顾客的需求、想法，但是如果客服人员仅仅是默默地记录，那么双方的交流就会变成顾客的自言自语。因此，在听完顾客的表达之后，客服人员还需要适时地给出一些回应，让顾客觉得你确实在认真倾听。

4. 从顾客角度思考

正所谓"横看成岭侧成峰"，当人们所处的角度或立场不同时，所看到的东西是存在一定差异的。如果只是站在自己的角度看问题，那么你可能就很难理解对方要的究竟是什么。

客服人员在与顾客交流的过程中也是如此。如果客服人员只是把自己当作商家产品的推销员，那么想得更多的可能是如何让顾客更快地花钱购物。其实，除了产品推销员之外，客服人员还有另一重身份，那就是顾客的购物意见提供者。

所以，客服人员在与顾客的沟通过程中既要有意识地进行推销，又要适时转换立场，认真倾听并从顾客的角度思考。这既是客服人员的职责所在，也是促进愉快沟通和提高成交率的重要手段。

5．理解顾客的用意

倾听是客服人员在沟通过程中需要重点做好的工作之一，原因就在于，只有通过倾听了解顾客的真实意图，客服人员才能据此找到相应的推销对策，为接下来的沟通指明方向。

然而，汉语又是一门比较复杂的语言，有时候顾客表面说的是 A，但是实际想表达的是 B。如果顾客错误地将表面意思理解为其真实意图，那么信息的对接将出现问题，整个沟通便会难以进行下去。因此，客服人员在沟通过程中还需静下心来，认真倾听并理解顾客的用意。

6．做好要点的记录

俗话说"好记性不如烂笔头"，每个人对某件事的记忆时间是有限的，再加上需要记忆的事情比较多。所以，如果在观察顾客表达的过程中，仅仅只停留在看，或是听，那么客服人员很有可能会忘记一些重要内容。

所以，为了更好地记忆顾客的需求，也为了给顾客留下一个好印象，客服人员可以用纸笔简短地记录顾客表达的要点。这一点对于电话客服来说特别重要，因为顾客很可能不会重复已经说过的话，如果客服人员不能及时记录下来，就有可能遗漏一些重要信息。

7.1.6 激发欲望：顾客主动掏钱下单

顾客的下单速度直接与客服人员的工作效率相关，如果客服人员能够让顾客快速完成下单，那么客服人员在特定时间内创造的价值量就高。

当然，要让顾客主动掏钱快速下单并不是一件容易的事，毕竟这直接关乎顾客的"钱袋子"。所以，客服人员要做的就是通过一些策略为顾客购买提供理由。

1．营造愉快氛围带动下单

顾客之所以选择购买某件产品，除了产品符合要求之外，与顾客沟通的氛围也是非常重要的因素，相关技巧如图 7-10 所示。如果客服人员营造的是一个相对愉悦的沟通氛围，那么顾客心中高兴，自然也就更愿意购买客服人员推荐的产品。

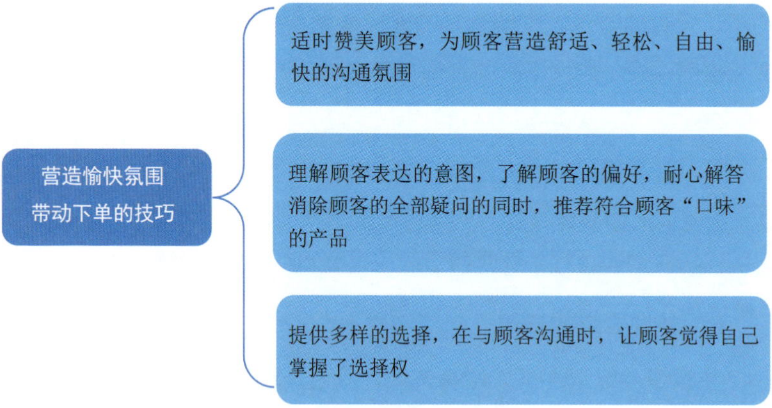

营造愉快氛围带动下单的技巧：
- 适时赞美顾客，为顾客营造舒适、轻松、自由、愉快的沟通氛围
- 理解顾客表达的意图，了解顾客的偏好，耐心解答消除顾客的全部疑问的同时，推荐符合顾客"口味"的产品
- 提供多样的选择，在与顾客沟通时，让顾客觉得自己掌握了选择权

图 7-10

2．给顾客压力，化被动为主动

许多客服人员在与顾客沟通的过程中，可能想得更多的是如何增加产品对顾客的吸引力。而在很多情况下，即便客服人员给出了足够的优惠，顾客也不一定会马上下单。这主要是因为很多顾客在看到客服人员给出的优惠之后，认为还可以更优惠一点。其实，客服人员与其一味被动地给顾客优惠，倒不如给顾客一些压力，化被动为主动，相关技巧如图 7-11 所示。

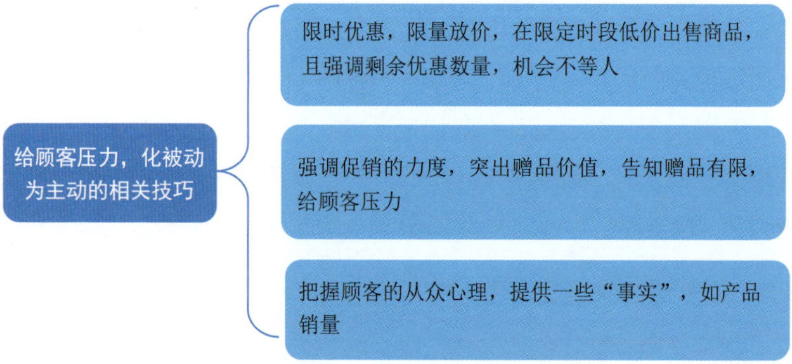

给顾客压力，化被动为主动的相关技巧：
- 限时优惠，限量放价，在限定时段低价出售商品，且强调剩余优惠数量，机会不等人
- 强调促销的力度，突出赠品价值，告知赠品有限，给顾客压力
- 把握顾客的从众心理，提供一些"事实"，如产品销量

图 7-11

7.1.7 灵活沟通：光靠说话也能圈粉

之所以每个店铺都要配备专门的客服人员，其中一个很重要的原因就是客服人员与顾客的沟通将对交易起很大的作用，甚至直接影响店铺的生存发展。客服人员如果能够灵活地进行表达，让顾客觉得舒服，便可获得顾客的好感，甚至将顾客直接变成店铺的粉丝。

1. 沟通还需掌握必要的技巧

沟通就是一门语言艺术，在与顾客沟通的过程中，客服人员只有灵活地进行表达，让顾客觉得舒服，才能在促成交易的同时，增加顾客的满意度。下面笔者将重点对灵活沟通的 5 种技巧进行解读，帮助客服人员用正确的表达为店铺吸粉。

（1）保持节奏一致

每个人说话都会有自己的节奏，或者习惯、立场。如果客服人员能够找到顾客的节奏，并尽可能地让自己的节奏与顾客一致，那么顾客可能会觉得与客服人员交流比较轻松、自在，甚至会觉得客服人员能够明白自己心中所想，从而对客服人员多一分信任。

（2）根据感受表达

如果客服在与顾客的沟通过程中，可以结合自己的使用感受，那么顾客很可能会对客服及产品多一分信任。

（3）语言机动灵活

在沟通交流过程中，客服人员带给顾客的感觉至关重要，至少要做到灵活表达，让顾客觉得沟通起来是舒服的。顾客要的是愉快地购物，如果客服人员能够让顾客觉得享受，那么顾客往往也更容易买账。

（4）善用刺激

消费在很大程度上来自需求，要让顾客主动购物，首先需要让顾客对产品产生兴趣。对此，客服人员可以通过产品的适用性说明、功能强化等方式，让顾客认为产品确实是有用处的，调动顾客的购买欲。同时，客服人员还可以通过满减、打折或与其他平台价格比较等形式，使产品的价格看起来更加诱人，让顾客忍不住想下单。

（5）话不要说太满

客服人员在与顾客沟通的过程中应尽量使用灵活的语言，不能把话说得太绝对了。为此，客服人员可以在沟通过程中对不确定的内容适当使用"可能""也许""大概"等词汇，避免表达过于绝对。

2．不让价也能让顾客欣然接受

虽然顾客都知道网购中店铺始终是要赚钱的，但是大部分顾客都希望自己的购物更划算一些，所以客服人员经常会遇到讲价的顾客。

面对讲价的顾客，如果客服人员能做到不让价，还能让顾客觉得赚了，顾客自然会欣然接受，快速完成下单。当然，在此过程中最为关键的就是找到合理的不让价理由，如图 7-12 所示。

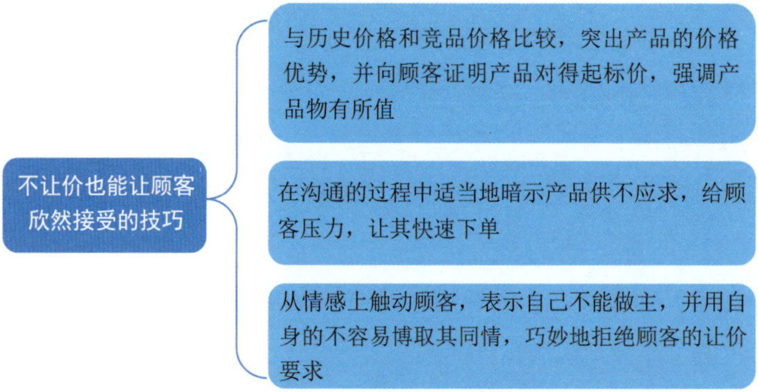

不让价也能让顾客欣然接受的技巧	与历史价格和竞品价格比较，突出产品的价格优势，并向顾客证明产品对得起标价，强调产品物有所值
	在沟通的过程中适当地暗示产品供不应求，给顾客压力，让其快速下单
	从情感上触动顾客，表示自己不能做主，并用自身的不容易博取其同情，巧妙地拒绝顾客的让价要求

图 7-12

7.1.8 消除抱怨：增加顾客的满意度

如果顾客就购物过程中出现的问题向客服人员抱怨，就说明顾客对此次购物是不太满意的。此时，如果客服人员处理不好，便有可能激化矛盾，给店铺带来差评。

当然，如果客服人员能够正确处理顾客的抱怨，便有可能消除顾客的怨气，进而提升顾客的满意度。

解决问题都有一定的步骤，消除抱怨也是如此。如果客服人员能够以相对合适的步骤，循序渐进地与顾客进行沟通，如图 7-13 所示，那么顾客更容易接受客服人员的表达，进而对店铺和客服人员多一分谅解。

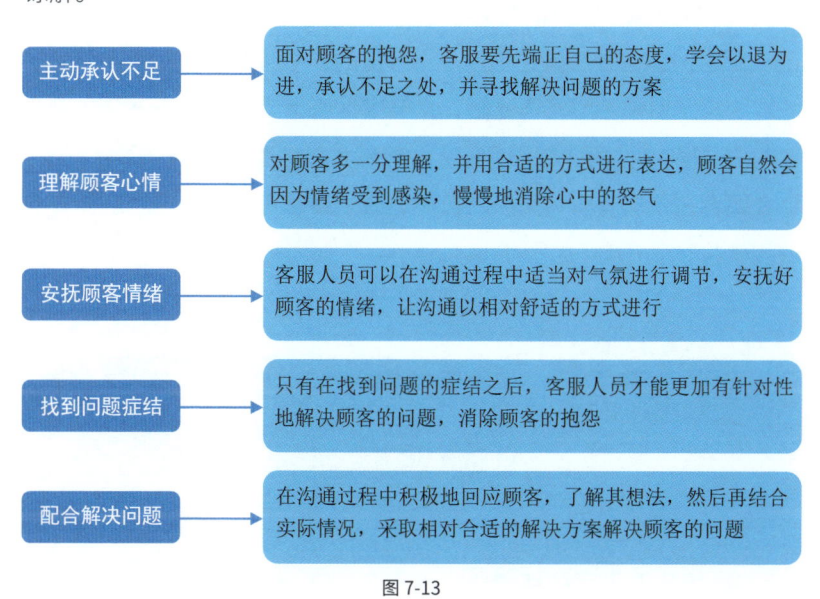

主动承认不足	面对顾客的抱怨，客服要先端正自己的态度，学会以退为进，承认不足之处，并寻找解决问题的方案
理解顾客心情	对顾客多一分理解，并用合适的方式进行表达，顾客自然会因为情绪受到感染，慢慢地消除心中的怒气
安抚顾客情绪	客服人员可以在沟通过程中适当对气氛进行调节，安抚好顾客的情绪，让沟通以相对舒适的方式进行
找到问题症结	只有在找到问题的症结之后，客服人员才能更加有针对性地解决顾客的问题，消除顾客的抱怨
配合解决问题	在沟通过程中积极地回应顾客，了解其想法，然后再结合实际情况，采取相对合适的解决方案解决顾客的问题

图 7-13

> **特别提醒**
> 既然顾客是因为对购物中出现的问题不满意，那么客服人员在沟通过程中就需要尽可能地让顾客感觉满意，而要让顾客满意就必须听取顾客的建议。所以，客服人员在沟通过程中应适时征求顾客的意见。
> 与客服人员自行解决问题不同，在沟通过程中征求顾客的意见可以让顾客的心声得以表达，而且顾客也能因此获得应有的尊重。这无论是对于了解顾客的诉求，还是增加顾客的满意度都是有所裨益的。

7.1.9 顾客留存：让顾客舍不得离开

顾客的数量是店铺发展的关键，而顾客的留存又直接影响顾客的总数。所以，在店铺的发展过程中，客服人员重点要做好的就是提升顾客的留存率。对此，客服人员在与顾客沟通的过程中需要着重做好两方面的工作，一是营造极致的顾客体验，二是运用沟通策略将顾客牢牢拴住。

1. 营造极致的顾客体验

顾客的体验是影响店铺用户留存度的一个重要因素。顾客在完成一次购物之后是否愿意再光顾，从一定程度上来说，取决于其在这一次购物过程中的体验。如果客服人员能够为顾客营造极致的顾客体验，那么顾客在下次有购物需求时自然也会更愿意再来店铺。营造极致的顾客体验的相关技巧如图 7-14 所示。

营造极致的顾客体验的相关技巧：
- 多着眼于细节，做好第一笔交易，留下好印象
- 提供更加个性化的服务，满足顾客的特定需求
- 了解顾客对产品的需求，并据此及时地进行调整

图 7-14

2. 用策略牢牢拴住顾客

顾客的留存其实说到底就是怎样把顾客拴在店铺中。要做到这一点，除了店铺自身具有的优势之外，更关键的是让顾客看到店铺的优势。

如果客服人员在沟通过程中能够运用一些技巧，让顾客看到店铺的优势，那么顾客在有购物需求时，就会将店铺作为购物的首选，如图 7-15 所示。

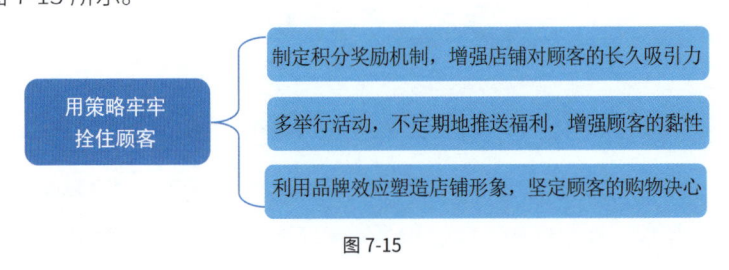

用策略牢牢拴住顾客：
- 制定积分奖励机制，增强店铺对顾客的长久吸引力
- 多举行活动，不定期地推送福利，增强顾客的黏性
- 利用品牌效应塑造店铺形象，坚定顾客的购物决心

图 7-15

7.2 处理售后：再次助推成交率

售后服务对于商家口碑的打造而言，是十分关键的一个环节。很多商家不注重售后的完善和提高，因此白白流失了很多顾客，同时也错失了树立口碑的大好时机。本节将详细介绍抖音店铺的售后处理技巧，帮助商家吸引更多顾客再次购买。

7.2.1 好评获取：轻松获得无数点赞

顾客对于产品的评价，更像是对产品以及店铺的一种标签。所以，许多客服人员都将提高产品的好评率作为工作的重点。

1. 凭借服务获得点赞

顾客在评价时主要有两个参照对象，一是产品的质量，二是店铺中的服务。其中，产品的质量大多是生产厂家的事，客服人员能够做的仅仅是让顾客相信产品的质量是有保障的。至于产品的质量究竟如何，客服人员其实是无法保证的。

而在店铺服务方面，客服人员则是大有可为的。因为客服人员是店铺的"代言人"，其一举一动代表的是店铺的态度。如果客服人员的服务足够好，顾客自然愿意点赞、给好评。

虽然客服人员每天要面对大量顾客，在工作中热情会慢慢消减，态度也会渐渐地由主动转为被动。但是，因为职业的服务性质，客服人员仍需尽可能地让顾客感受你的热情和自信。

这既是客服人员职业素质的要求，也是提高产品好评率的一个重要手段。毕竟，人都是有感情的，当客服人员热情地与顾客沟通时，双方的心理距离无形之中就被拉近了，而基于对客服人员的好感，顾客自然也更容易给出好评。

2. 通过福利赢得好评

虽然通常来说顾客是基于产品的质量和店铺的服务做出评价的，

但是如果给好评能够获得一些好处，那么无论产品的质量怎样，部分顾客还是愿意给出好评的。针对这一点，客服人员可以在沟通过程中通过给予顾客一定的福利，让其给出好评，从而达到提高好评率的目的。

7.2.2 差评处理：将差评转化为好评

在产品的销售过程中，差评是难免的。但是差评会对接下来的销售产生不利影响。所以，处理差评是客服人员重点要完成的工作之一。

既然顾客给了差评，就说明顾客对此次购物是不满意的。而客服人员要想让顾客修改差评，首先就必须让顾客看到店铺对于这件事的积极态度。

对此，客服人员需要做好一些必要的工作，如及时进行沟通、主动承认错误、致歉表达态度，接下来还需要了解给差评的原因，并做出合理解释和给出必要补偿，让顾客删除差评。

虽然顾客对购物不满意就会给出差评，但是顾客给评价有时仅仅是根据个人的感觉。所以，如果客服人员能够掌握一定的沟通技巧，通过售后的沟通服务给顾客留下好感，差评也是完全有可能变成好评的，如图7-16所示。

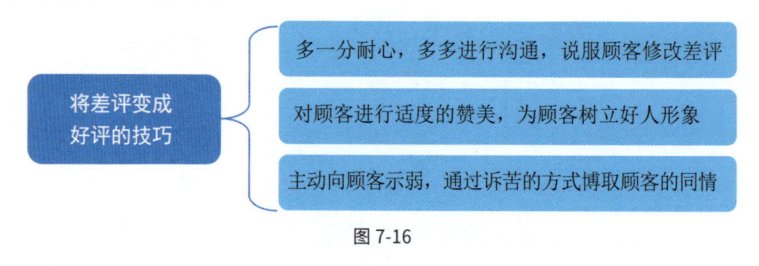

将差评变成好评的技巧：
- 多一分耐心，多多进行沟通，说服顾客修改差评
- 对顾客进行适度的赞美，为顾客树立好人形象
- 主动向顾客示弱，通过诉苦的方式博取顾客的同情

图7-16

7.2.3 解决投诉：化解危机重塑信心

一般情况下，顾客是不会投诉的。如果顾客走到投诉这一步了，就说明顾客对购物已经非常不满意了，甚至对店铺失去信心了。而面对顾客的投诉，客服人员需要做的就是在积极解决顾客的问题，

让他们撤销投诉、化解危机的同时，通过沟通让顾客对店铺重新树立信心。

和给差评一样，大部分投诉的顾客也是因为对产品和服务不满意。甚至可以说，在顾客看来，投诉的程度还要重于给差评。所以，如果顾客已经走到了投诉这一步，就说明店铺中的产品或服务可能真的有一些问题。

既然顾客认为问题出在店铺这一方，而客服人员又是店铺的"代言人"，那么为了解决投诉，化解危机，客服人员就应该主动联系顾客，及时解决顾客的问题。

在解决投诉的过程中，客服人员的态度非常关键。顾客之所以选择投诉，就说明其对购物过程是不满意的。在这种情况下，客服人员与顾客沟通时，顾客通常都会有一些抱怨。所以，客服人员在与顾客沟通时一定要耐心倾听顾客的抱怨，即便顾客的话不好听也应该多一分忍受力。因为只有进行耐心倾听，才能找到问题所在，对症下药，让顾客撤销投诉。

7.3 回复评论：营造消费的氛围

除了在店铺中对用户的询问进行回答以外，有的店铺会在抖音中制作推广视频。因此在视频中回复评论也成了客服日常工作中的一项重点内容。一般来说，推广视频回复的人员都是账号的运营者。

当用户对产品进行评论时，如果运营者积极地回复评论，那么便可以与用户进行良好的沟通交流，营造商品推广视频评论区的热议氛围。

7.3.1 评论运营，主要作用

为什么要回复他们的评论呢？因为评论运营可以起到 3 大作用，下面笔者就对评论运营的 3 大作用分别进行说明。

1. 评论数量，体现流量

产品推广视频的评论量能够从一定程度上体现视频的价值，通常来说，评论量越多的视频，获得的流量就越多，视频的流量价值也就越高，产品销售的可能性也就越大。

图 7-17 所示为评论数较多的视频评论界面，图 7-18 所示为评论数较少的视频评论界面。可以看到，这两个推广视频评论量的差距是比较明显的。也正是因为评论量差距明显，大家一看就知道评论数多的这个视频获得的流量要多得多，因此其销售产品的可能性也就更大。

图 7-17　　　　　　图 7-18

另外，视频用户在刷视频时，也可以直接看到视频的评论数量。图 7-19 所示为视频的播放界面，可以看到在其播放界面直接显示了评论的数量，还有点赞以及收藏数量。

也正是因为视频评论量能够体现视频的流量价值，所以许多抖音视频用户在看到视频的评论量比较少时，可能会觉得视频的质量一般，并因此直接选择略过。

图 7-19

而品牌主在找视频运营者合作时，如果看到视频运营者的视频评论量太少，则会因为视频运营者的影响力有限而选择放弃合作。

因此，视频电商运营者一定要积极运营好视频评论区，通过各种方式提高视频的评论量，让视频用户更好地看到账号的价值，从而进一步提高账号的变现能力。

2．辅助完善视频内容

一个产品推广视频长则几分钟、十几分钟，短则几秒钟、十几秒钟。在这有限的时间内，能够呈现的内容也是比较有限的，而且有的内容（如网页的链接）也不方便直接用视频呈现。在这种情况下，视频运营者便可以借助视频评论区辅助完善产品的相关信息。

图 7-20 所示为一个营销视频。这种视频通常都需要通过链接引导视频用户前往对应的店铺，所以视频运营者在评论区对主要内容进行了简单说明，并在文字的后方放置了详情链接。视频用户只需在评论区点击该链接，便可直接前往对应的店铺进行购买。

图 7-20

在笔者看来，视频评论区的运营就是对视频内容进行二次处理的一种有效手段。通过在视频评论区配以辅助说明，既可以完善内容，让视频运营者的营销意图得到更好的体现，也可以对视频中表达有误的地方进行补充说明，及时纠正错误。

而且，对于一个推广营销类视频，一个视频并不能将所有与产品有关的信息都概述在内，因此就需要视频的相关客服人员在评论区对大家关心的产品信息做详细介绍。

7.3.2　回复评论，注意 8 点

在产品推广视频评论区的运营过程中，回复用户的评论很关键。如果回复得好，那么回复的内容可能会为视频带来更多的流量，如果回复得不好，那么回复的内容很可能会为账号带来一些"黑粉"。

具体来说，视频运营者要如何做好评论的回复呢？笔者认为，视频运营者一定要了解回复用户评论的注意事项，并据此进行视频评论区的运营。具体来说，视频运营者在回复评论的过程中，要注意 8 点，下面笔者就分别进行解读。

1. 认真回应，保证质量

在对视频评论进行回复时，既要注意"量"（回复的数量），也要注意"质"（回复的质量）。在笔者看来，高质量的回复应该是建立在认真回复用户观点的基础上的。如果你的回复与用户的评论风马牛不相及，视频用户就会觉得你的评论只是在敷衍他（她）。因此，对于这种没有质量的回复，大部分的视频用户通常是不会买账的。

其实，要保证回复内容的质量也很简单。其中有一种比较有效的方法，那就是针对用户评论中的重点内容进行回复。

图 7-21 所示为产品推广视频的评论界面。可以看到，该视频运营者就是根据用户的评论进行认真回复。这种回复能够很好地保障回复内容与视频用户关注重点的一致性，因此视频回复的质量总体来说都是比较高的。

图 7-21

2. 积极回复，博取好感

当视频用户对视频进行评论时，视频运营者一定要积极做好回复。

这不仅是态度问题，还是获取视频用户好感的一种有效手段。那么，怎么做到积极回复用户的评论呢？笔者认为，视频运营者可以重点做好两个方面的工作。

一是视频用户进行评论之后，尽可能快地做出回复，让视频用户觉得你一直在关注视频评论区的情况，如图 7-22 所示。

图 7-22

二是尽可能多地对用户的评论做出回复，最好是能对每个评论都进行回复。这可以让被评论的视频用户感受到你对他的重视。视频运营者回复的评论越多，获得的粉丝就会越多。

图 7-23 所示为抖音视频的评论区。可以看到，该视频的运营者便是尽可能地对每个评论都做回复。虽然回复内容比较简单，而且重复度比较高，但是笔者认为这种回复收到的效果会比不对评论做出回复的效果要好得多。

图 7-23

3．寻找话题，继续讨论

视频用户对于自己感兴趣的话题，会更有表达观点的意愿。但是，有时候有的用户对产品推广视频中的话题可能并不是很感兴趣。此时，视频运营者便可以通过评论区寻找话题，让更多视频用户参与这些话题，从而让视频用户的评论能够继续进行下去。

另一种是通过视频用户的评论挖掘新话题。当视频用户对某个话题普遍比较感兴趣时，视频运营者便可以将该话题拿出来，让所有视频用户共同对该话题进行讨论，从而让用户对运营者以及产品产生好感。

4．语言风趣，获取点赞

语言的表达是有技巧的，有时候明明是同样的意思，但是因为表达方式的不同，最终产生的效果也会有很大的差距。通常来说，风趣的语言表达会比那些毫无趣味的表达更能吸引短视频用户的目光，也更能获得视频用户的点赞。

因此，在回复视频用户的评论时，视频运营者可以尽量让自己的表达更加风趣一些，通过风趣的表达获得视频用户的点赞。

图 7-24 所示为抖音视频的评论界面，可以看到该视频运营者的回复在语言的表达上都比较风趣。也正是因为如此，视频用户看到视频运营者的回复之后纷纷用点赞表达自己的态度。

图 7-24

5．提出问题，等待回答

此外，产品推广视频的运营者还可以通过在视频文案中以提问的方式吸引用户回答问题，从而强化视频用户的评论意愿。其实，通过提问强化用户的评论意愿这一点不止可以用于产品推广视频文案，它在评论区文案的编写中同样也是适用的。

而且相比于在视频文案中提问，在评论区提问有时候获得的效果还要更好一些。这主要是因为视频用户如果需要查看评论，或对视频进行评论，就需要进入视频的评论区。

而产品推广视频运营者的评论和回复内容又带有"作者"的标志，所以视频用户一眼就能看到产品推广视频运营者的重要评论和回复内容。因此，产品推广视频运营者如果在视频评论区提问，那么提问内容会被大部分，甚至是所有看评论的短视频用户看到。

在这种情况下，许多视频用户如果对提问的内容感兴趣，就会积极回答。这样一来，视频评论区的活跃度便得到了提高，而评论区的气氛也会变得更加活跃了。

6．面对吐槽，不要互喷

在现实生活中会有一些喜欢抬杠的人，而在网络上，许多人因为披上了"马甲"，便直接变身成为"畅所欲言"的键盘侠。对于这些喜欢吐槽，甚至是语言中带有恶意的人，产品推广视频运营者一定要有良好的心态。千万不能因为这些人的不善而与其互喷，否则许多视频用户可能会成为你的"黑粉"。

其实，在面对视频用户带有恶意的评论时，不与其互喷，而以良好的心态进行处理，也是一种有素质的表现。这种素质有时候也能让你成功获取视频用户的关注。那么，在面对视频用户的吐槽时，要如何处理呢？在这里，笔者给大家提供3种方案。

（1）幽默回复

第一种方案是用幽默的回复面对吐槽，在回复视频用户评论的同时，让视频用户感受到你的幽默感。

在抖音产品推广视频中，因为出镜的女性已经33岁了，再加上光线和拍摄角度等问题，让她看上去年纪显得比较大。所以，许多视频用户在评论区吐槽，质疑这位女性的年纪。很多视频用户甚至直接表示："你看上去不止33（岁）。"图7-25所示为该视频的评论界面。

图 7-25

而看到这些评论时，视频运营者并没有选择通过直接开骂表达自己的不满情绪，而是通过略带幽默的话语回应吐槽，开玩笑地说自己其实已经 55 岁了，大家还可以往大了猜，并配上了一个可爱的表情。看到该视频运营者的回复之后，许多用户纷纷进行了点赞。

（2）摆出事实

第二种方案是当视频用户针对产品等相关情况进行吐槽的时候，可以根据产品的本身情况回复用户，也让用户知道这个产品的基本情况，如图 7-26 所示。

图 7-26

（3）避免冲突

第三种方案是对于恶意的吐槽，直接选择不回复，避免造成语言上的冲突。图 7-27 所示为充满恶意的产品推广视频评论界面。可以看到其中部分视频用户的评论是带有很大恶意的，而该视频的运营者在看到这些评论之后，就直接选择了不回复。

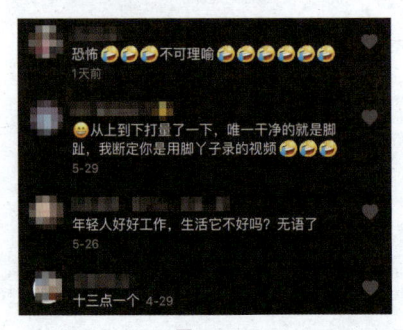

图 7-27

当然，在实际操作时，视频运营者也可以将这三种方案结合使用。比如，当吐槽比较多时，可以用幽默的表达或者讲述事实的方式回复排在前面的几个评论。而那些排在后面的吐槽，直接选择不回复就好了。

7．重视细节，转化粉丝

俗话说"细节决定成败"，如果在视频账号的运营过程中对细节不够重视，那么视频用户就会觉得视频运营者在账号运营的过程中有些敷衍。

在这种情况下，视频账号的粉丝很可能会快速流失。相反，如果视频运营者对细节足够重视，视频用户就会觉得你在用心运营。而视频用户在感受到你的用心之后，也会更愿意成为你的粉丝。

图 7-28 所示为通过表示感谢来转化粉丝的评论界面。这是一条关于产品营销的视频，所以许多视频用户直接在评论区留下"已购"或是"加急，货已拍"等评论，而看到这些视频用户的评论之后，视频运营者也对这些购买了产品的视频用户表示了感谢。

图 7-28

看到视频运营者的回复之后，视频用户就会感受到他们的善意，并因此选择关注视频运营者的账号，这样便实现了粉丝的转化。

除了表示感谢之外，通过细节认真回复视频用户的评论，让视频用户看到你在用心运营，也是一种转化粉丝的有效手段。

在图 7-29 所示的视频评论中，视频运营者在回复评论时，从一些细节角度对视频用户的评论做出了回复，不仅让视频用户的疑惑得到了解答，还显示了自身的专业性。因此，许多视频用户看到该视频运营者的回复之后，会直接选择关注该视频运营者的账号。

图 7-29

8. 做好检查，避免错误

视频运营者在回复用户的评论时，要做好回复内容的检查工作，尽可能地减少，甚至是避免回复内容的错误。这一点很重要，因为如果视频运营者在回复中出现了错误，视频用户就会觉得视频运营者在回复评论时不够用心。

那么，如何做好回复内容的检查呢？笔者认为，在检查回复内容时，需要重点做好两项内容，一是文字，二是排版。

图 7-30 所示为文字错误的评论界面。可以看到，该视频的运营者在回复评论时，将"颗粒"写成了"科技"，"包"写成了"苞"，这都是明显的文字错误。

图 7-30

图 7-31 所示为文字错误且排版有问题的评论界面。该短视频运营者的回复内容不仅将"做得更好"写成了"做的更好",而且还出现了不应该有的空行。所以,这一条评论在文字和排版上都做得不够好。

图 7-31

04 用户体验篇

Chapter 08

第8章
口碑：
形成自动裂变

很多商家冥思苦想，绞尽脑汁，也难以树立起良好的口碑，获得丰厚的利润。因此，笔者在本章专门提炼一些口碑运营的干货，帮助商家在竞争激烈的电商市场占据一席之地。

8.1 口碑打造：让抖音店铺好评如潮

随着时代不断地发展进步，一个店铺的口碑变得越来重要，口碑营销也在市场中占据着举足轻重的地位。

在运营店铺时，如何有效地打造口碑，获得消费者的一致好评，已经成为每个商家需要重视的问题。本节将大致介绍几种树立店铺或产品口碑，打响商家品牌的方法，以供参考。

8.1.1 消费者与口碑之间的关系无比密切

"口碑"一词的意思就是众人口头上的赞扬。从这一词义来看，我们可以从中分析出如下两个要点。

♣ 大众对某一事物稳定且一致的看法。

♣ 以口头传播为主。

从这里可以看出，任何产品在被消费者购买、使用之后，都会产生相应的购物感受，继而为产品传播口碑。

如图 8-1 所示，至本作为化妆品品牌之一，并没有过多地采用推广、直播等营销手段，更多的是靠产品的口碑实现销售。

图 8-1

再如，消费者在购买了一款手机后，觉得这款手机拍照功能很好，但运行速度有些慢，总体而言性价比还是不错。那么，他就很有可能会推荐身边的亲朋好友也购买这款手机，或者亲自告诉他们这款手机的性价比高，这样一来，就形成了产品的口碑传播。

> **特别提醒**　消费者持有的对产品的独特看法和评价就是该产品口碑的原始形态，久而久之，随着产品的不断扩散，企业和产品就会逐渐打造出口碑。因此，我们可以说，消费者与口碑相辅相成。

要明确的是，口碑与消费者之间的关系是非常紧密的，彼此不能分离。一般来说，消费者在使用产品的过程中，会因为具体的操作过程、遇到的困难等因素，对产品形成自己独特的印象和认识，包括颜色、形状、功能和质量等。

值得注意的是，在产品的销售过程中，一定不要把销售产品和打造产品口碑分开。如果全然不顾产品质量，而仅仅想通过营销提高销量，这是极其不明智的行为。这种方法虽然会使店铺暂时获得一点蝇头小利，但时间一长，消费者就会了解产品的真实质量。店铺就会因此失去消费者的信任，从而毁掉自己苦心经营的口碑。

因此，商家最好的做法就是既注重产品质量，又注重营销手段，这样才能打造爆品，创造产品的销量奇迹，为店铺或品牌树立口碑。

8.1.2　让消费者主动帮助我们推销产品

正因为我们处在高速发展的移动互联网时代，所以口碑的打造变得更加容易，每个消费者都可以成为产品的推销员，大大拓宽了产品的营销范围，从而为店铺利润的提高有效拓展了渠道。

这就表明，商家更加重视的是消费者的推荐，而这个推荐就是产品口碑打造成功的体现。想要获得口碑营销的成功，就应该积极与消费者进行交流互动，从而达到最终目的。

> **特别提醒**
>
> 这与传统营销的不同就体现在，以前就是先直接说产品如何物美价廉，再努力销售给消费者。而现在的口碑营销就是让消费者都竞相夸赞产品，自发地向身边的人推荐产品，从而推动产品的营销，提高店铺的利润。

那么，值得思考的是，要怎样让每个消费者心甘情愿地帮助店铺推销产品呢？下面笔者将详细介绍把消费者变成产品推销员的技巧。

1．和消费者搞好关系

和消费者搞好关系是口碑营销中最重要的一点。尽管一开始会很难，但是你一定要尝试，跨出了第一步，接下来也就容易多了。

想让消费者帮你宣传，那么你就应该要有一定的付出与努力，这是一个不断付出、不断收获的过程。当你和消费者的关系达到了比较要好的地步时，那么他们肯定会帮你宣传产品，如图8-2所示。

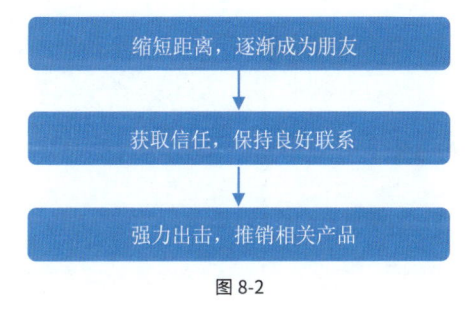

```
缩短距离，逐渐成为朋友
         ↓
获取信任，保持良好联系
         ↓
强力出击，推销相关产品
```

图8-2

2．促使消费者对产品表示赞赏

促使消费者对你的产品表示赞赏将有利于产品口碑的打造，还能够帮助你有效地引起其他潜在消费者的关注。因为消费者自己在社交平台晒出对产品的夸奖，就证明他对产品的质量或者外观是表示肯定的。

所以，你在经营店铺的时候，一定要经常鼓舞消费者在大众平台对产品表示赞赏，这样一来，产品就会得到广泛的传播，为口碑的打造奠定坚实的基础。

那么，应该采用哪些方法促使顾客主动对产品表示赞赏呢？最主要的方法就是对症下药、因人而异，根据行业的不同，分别设计促使顾客赞赏产品的办法，如图 8-3 所示。

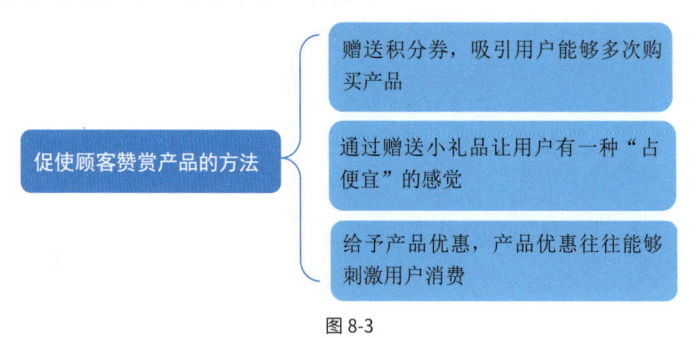

促使顾客赞赏产品的方法：
- 赠送积分券，吸引用户能够多次购买产品
- 通过赠送小礼品让用户有一种"占便宜"的感觉
- 给予产品优惠，产品优惠往往能够刺激用户消费

图 8-3

如图 8-4 所示，这两家店铺都通过赠送礼品的方式吸引用户购买，极大地带动了销量，第二家店铺甚至出现了部分商品已抢光的情况。

图 8-4

在实际利益面前，大部分的消费者都会把对产品的肯定表现出来，并详细地向身边的朋友介绍关于使用产品的体验以及产品的优点。这样，产品的好口碑就成功得到了传播，越来越多的人会因为产品的好口碑去了解产品，进而为产品销量的提高出一分力。

3．全力为消费者着想

想要让消费者主动帮助商家推销产品，就要从他们的角度出发，全心全意为他们着想。如果商家看重消费者的利益，在细节方面都替他们考虑好了，那么消费者也会更加忠心于你，并十分乐意对产品进行宣传推广。

4．全力表现自我风采

如果希望消费者主动为产品做宣传，就应该保证产品的品质，同时还要让商家全力表现自己的风采。

商家可以通过分享生活中的点滴、多与客户进行沟通等方式，展示自己的个人魅力。这样，客户就会将关注点聚焦到你身上，继而心甘情愿地将你的产品推荐给身边的亲朋好友。

表现自我风采的好处在于让你的魅力感染更多的人，并慢慢被你所吸引，直至对你产生敬佩和赞赏之情。如此一来，便会有更多的顾客愿意成为产品的推销员，主动为店铺和产品打造口碑。

8.1.3 口碑是一种非常高效的传播方式

从古至今，口碑都是最为主要的传播方式，比如"众口铄金""声名远扬""有口皆碑"等成语都是形容口碑的。如今，口碑的传播渠道更为广泛，口碑也因此成为最重要和有效率的传播方式。

口碑营销无处不在，它是企业和商家的"绝密武器"，那么它具体存在于哪些范围呢？笔者将其大致总结为 3 点，如图 8-5 所示。

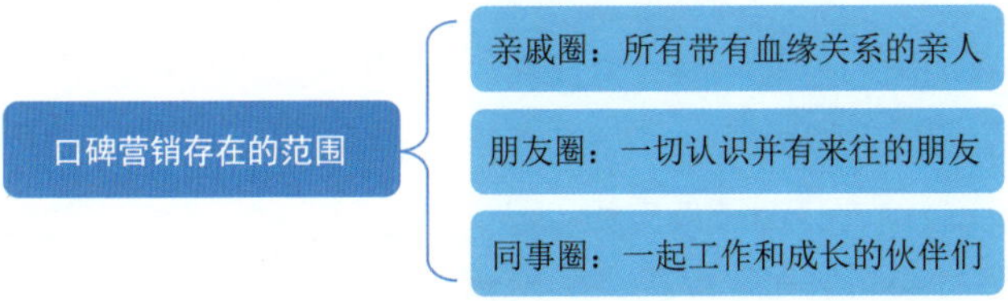

口碑营销存在的范围
- 亲戚圈：所有带有血缘关系的亲人
- 朋友圈：一切认识并有来往的朋友
- 同事圈：一起工作和成长的伙伴们

图 8-5

口碑营销不仅能起到宣传推广的作用，而且能产生实际的利益。

此外，还能够扩大品牌的行业影响力、拉升品牌的公众知名度、带动品牌的公众美誉度、缔结品牌的忠诚度等，如图 8-6 所示。

图 8-6

最重要的是，商家或品牌的口碑一经确立，就能为产品的销量提供接连不断的动力，因为口碑消费者对店铺品牌有很深的感情，信任度很高。

不仅如此，口碑消费者还会主动为店铺和产品做宣传，从而带来更多的顾客，提升店铺的销量和利润。

那么，口碑为什么有这么大的营销力和影响力呢？下面笔者将详细介绍口碑传播的相关特点。

1．口碑更真实

现在的店铺大多依靠流量广告发布信息树立口碑，其实这样的行为很容易引起消费者对店铺的质疑，而且大多数消费者也对广告有了抵触心理，他们认为店铺投放巨额资金利用广告做宣传，还不如多多注重产品的质量和服务。

相比较而言，口碑来自和自己一样身份的消费者，口碑是他们的真实感受积累而成的，不是金钱打造的，因此更具有参考价值。所以对于消费者而言，他们更愿意相信口碑传播。

一般消费者在购物之前，除了要看产品的款式、价钱之外，还要看其他用户购买产品后的评价。图 8-7 所示为抖音某商家产品的用户评价，基本上用户的感受都是非常好的，这样的评论也将吸引更多的人购买。

图 8-7

因为口碑更为真实可信，所以其营销作用十分显著。消费者往往相信身边人的推荐，比如亲朋好友、同事等。当他们从别人的经验中了解了产品客观、完整的信息后，其生成的看法和评价就固定了，于是也更容易在朋友的强烈推荐下购买产品。

值得注意的是，现在网络购物平台的口碑体系还不完善，一些店铺为了吸引消费者，赚取利润，不惜花钱让人为自己打造虚假的口碑，欺骗消费者。这样的店铺虽然会在短期内获得利益，但时间一久，必定会遭到消费者的无情抛弃。

因此，网络购物平台应该对这些欺诈行为予以严厉的惩罚，并严加管理和监督口碑评价，为广大消费者提供良好的购物环境，让大家都买到自己满意的产品。

2. 口碑营销很便宜

与其他营销方式相比，口碑营销的成本是最低的，商家只需要在创意方面花大价钱，其他诸如宣传推广等方面的资金消耗十分少。相反，如果通过"烧钱"的方式打广告、做活动，不仅浪费成本，还可能达不到想要的效果。

因此，商家最好是选择口碑这种成本又低效果又好的传播方式，来树立产品品牌，从而让消费者更加忠于店铺和品牌，培养其对商家的好感和信任。

8.1.4 好口碑始于准确无误的定位

要想让你的产品能够树立一个好的口碑，赢得广大消费者的肯定和认可，就需要有一个准确的定位。除了产品本身质量要过关之外，还要为其融入一些有特色的定位因素，笔者将其总结为以下两点。

1. 价格定位：物超所值

对于产品的价格定位，商家要做的最重要的一点就是保持较高的性价比。因为站在消费者的角度考虑的话，肯定希望自己能够购买到最划算的产品，不然也不会有"货比三家"的经验之谈。

因此，商家要为消费者考虑周到，尽量做到物美价廉，为消费者提供最好的产品和服务。这样消费者就会看到商家的良苦用心，从而主动帮助商家和产品打造口碑。

> **特别提醒**：当然，产品的高性价比并不是让企业用低廉的价格吸引消费者，品质是绝对不能忽视的。不能为了吸引消费者而不择手段，采用无底线的低价手段欺骗消费者，这种做法的后果就是失掉消费者的同时也毁了自己的口碑。

2. 创造定位：产品要新

凡事都讲究创新，产品也不例外。无论是什么类型的消费者，都比较热爱新产品。特别是年轻一代，追求新产品的势头更加猛烈，比如"果粉""米粉"就会时刻关注新产品的发布，可能还会拿着辛苦加班赚来的工资，不惜花时间和精力购买自己相中已久的产品，甚至还会乐此不疲地把产品推荐给其他人。

"喜新厌旧"是人类的一种心理特质。因此，人们总是无法拒绝新鲜事物的魅力，都倾向于购买更加新颖、有趣的产品。那么，商家要如何利用"创新"这一要点定位产品呢？相关技巧如图8-8所示。

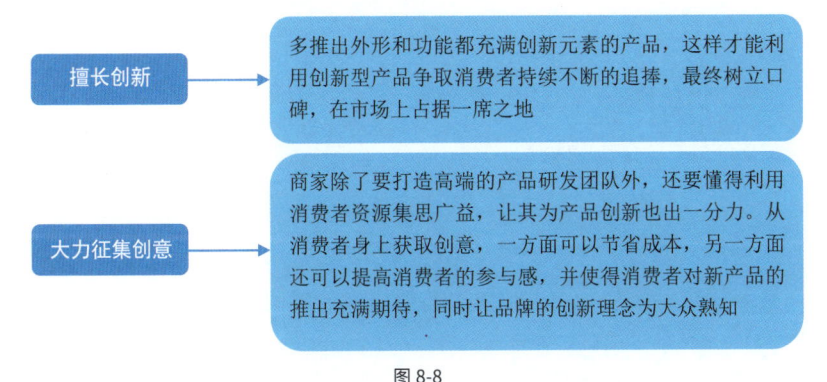

擅长创新	多推出外形和功能都充满创新元素的产品，这样才能利用创新型产品争取消费者持续不断的追捧，最终树立口碑，在市场上占据一席之地
大力征集创意	商家除了要打造高端的产品研发团队外，还要懂得利用消费者资源集思广益，让其为产品创新也出一分力。从消费者身上获取创意，一方面可以节省成本，另一方面还可以提高消费者的参与感，并使得消费者对新产品的推出充满期待，同时让品牌的创新理念为大众熟知

图 8-8

除了创造定位以外，还有正能量定位、比衬定位、理念定位、精神定位等定位方式，这些都是打造口碑的有效途径。好口碑源于准确定位，准确的定位需要商家进行多方面的考虑。

8.1.5 体验与口碑之间有千丝万缕的联系

现在是体验经济时代，在这个时代，消费者的体验是最重要的。每个商家都应该多关注消费者的需求，为其打造舒适的购物体验，让消费者享受购物的乐趣，这样才能带动产品的销量。

1. 口碑打造：优质＋体验

在移动互联网高速发展的今天，体验经济使得产品的口碑传播得更为迅速。商家只有为消费者提供优质的消费体验，才可以打造好口碑。那么，提供优质体验的方法有哪些呢？具体方法有以下3个，如图8-9所示。

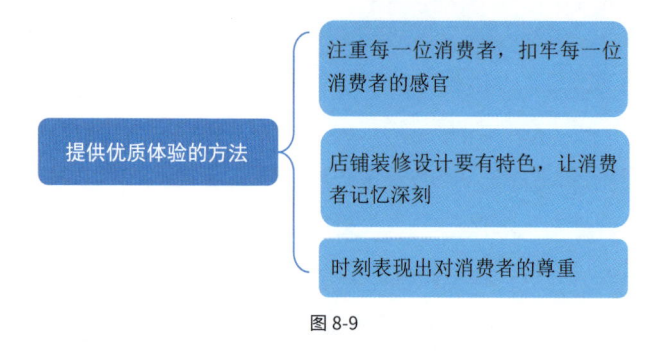

```
提供优质体验的方法 ── 注重每一位消费者，扣牢每一位消费者的感官
              ── 店铺装修设计要有特色，让消费者记忆深刻
              ── 时刻表现出对消费者的尊重
```

图 8-9

2. 口碑打造：体验＞打广告

很多商家认为只要打广告就能让自己的品牌做到无人不知、无人不晓，于是在产品和品牌的广告方面注入了不少心血。殊不知，这种口碑打造的方式在体验经济的时代已经不管用了。广告打得再好，消费者如果不愿意相信，也是"竹篮打水一场空"，白白浪费时间和精力。

因此，商家必须做好用户体验，提供良好的产品和购物环境，这样才能缩短与消费者之间的距离，从而打造一个好的产品口碑。那么，商家应该从哪些方面努力才能为消费者提供优质体验，树立好口碑呢？笔者大致总结了 3 个要点，如图 8-10 所示。

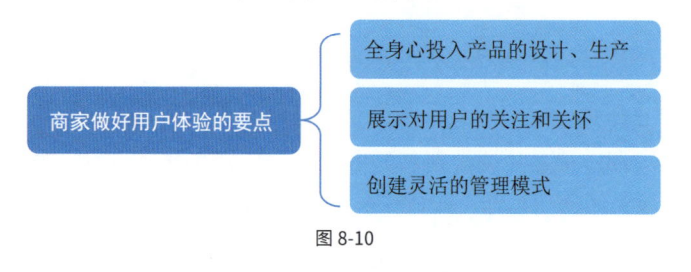

```
商家做好用户体验的要点 ── 全身心投入产品的设计、生产
                ── 展示对用户的关注和关怀
                ── 创建灵活的管理模式
```

图 8-10

3. 口碑打造：得到消费者的情感认可

现如今的市场营销，情感已经成为一个不可或缺的因素，很多企业都在树立口碑时加入了情感成分，以获得消费者在情感上的共鸣。

因此，企业需要从情感方面着手，利用消费体验中情感与口碑的密切关系打造口碑。

那么，商家具体应该怎样获得消费者的情感认可呢？笔者将其技巧总结为 3 点，如图 8-11 所示。

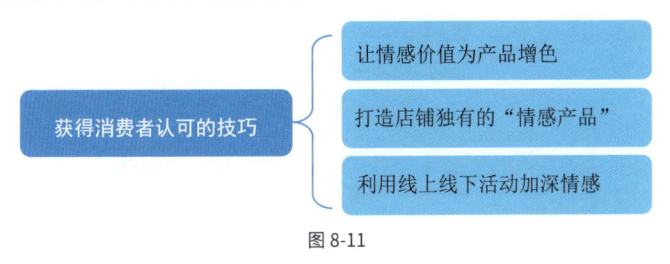

获得消费者认可的技巧
- 让情感价值为产品增色
- 打造店铺独有的"情感产品"
- 利用线上线下活动加深情感

图 8-11

4．口碑打造：第一印象很关键

很多消费者都有"先入为主"的观念，商家要格外重视产品留给消费者的第一印象，并懂得如何利用产品的第一印象吸引消费者的眼球。因为第一印象留得好，就很有可能吸引消费者再次消费。

那么，商家具体要怎么做呢？笔者将其总结为 3 点，如图 8-12 所示。

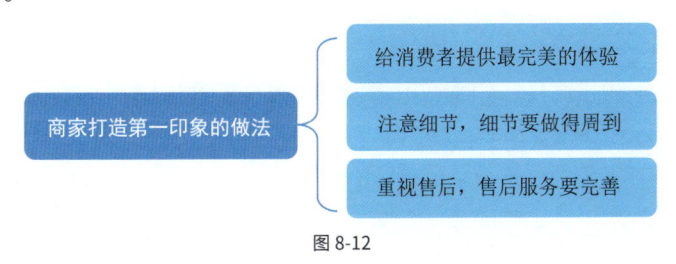

商家打造第一印象的做法
- 给消费者提供最完美的体验
- 注意细节，细节要做得周到
- 重视售后，售后服务要完善

图 8-12

5．口碑打造：体验＋创意

除了对产品自身要创新之外，用户体验同样也要有创意，人们总是喜欢尝试新鲜的事物，富有创意的购物同样令人期待。对于商家而言，成功的创新话题应该拥有以下 3 大特点，如图 8-13 所示。

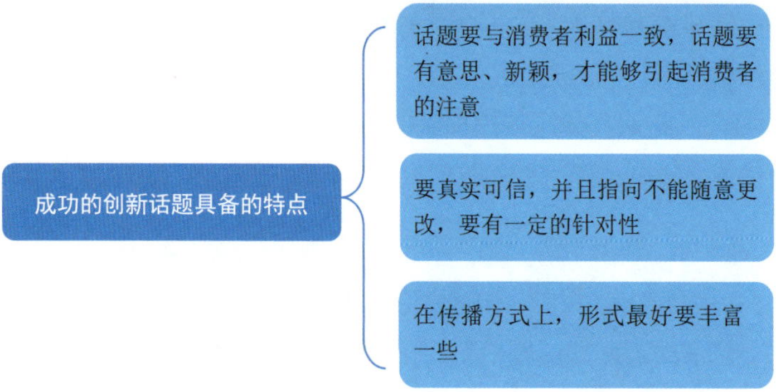

```
成功的创新话题具备的特点
  ├─ 话题要与消费者利益一致,话题要有意思、新颖,才能够引起消费者的注意
  ├─ 要真实可信,并且指向不能随意更改,要有一定的针对性
  └─ 在传播方式上,形式最好要丰富一些
```

图 8-13

8.2 粉丝裂变:将用户变成产品推销员

粉丝经济的火爆,使得粉丝在产品营销和口碑打造中的作用越来越重要。那么,抖音商家想要通过粉丝的培养获得口碑,具体应该怎么做呢?本节将从多个方面阐释如何打造完美的"铁杆粉"。

8.2.1 诚信的经营,获得顾客青睐

对于抖音商家来说,获得粉丝的一个重要方法就是诚信经营。"信用是无形的资产",如果商家懂得利用诚信管理店铺,就能收获消费者的青睐,并得以树立口碑。

诚信经营是一个循序渐进的过程,诚信口碑一旦树立就会赢得众多消费者的信任,而且会直接影响产品的销量和品牌的传播。

> **特别提醒** 有的店铺不注重诚信经营,为了赚取眼前利益全然不顾消费者的合法权益,导致失去了消费者的信任,甚至使得自己苦心经营的店铺口碑毁于一旦。这种行为是不可能赢得粉丝的支持的,更别说树立口碑了。

最重要的是商家要在方方面面坚守诚信,这样消费者就可以从购物的过程中感受到你的诚信,从而对你的店铺和产品产生好感,主动向身边的人推荐你的产品。值得注意的是,商家应该怎样利用诚信经

营吸引粉丝的关注，从而获得粉丝的信任呢？

消费者对于店铺的重要性是不言而喻的，因为他们决定着店铺的兴衰，他们的心理决定了店铺的发展趋势。

要想获得消费者的信任，使其成为店铺和产品的忠实粉丝，商家就应从消费者的角度出发，展示自己的诚信，其具体分析如图 8-14 所示。

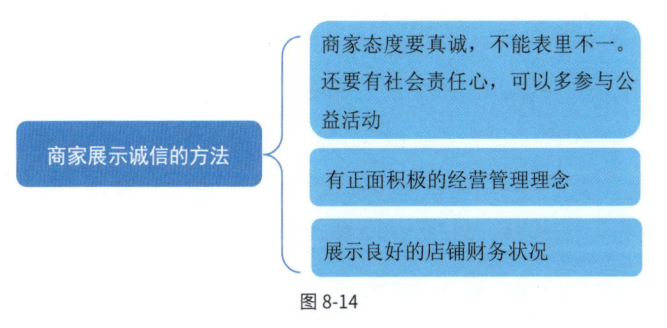

```
商家展示诚信的方法 ┬─ 商家态度要真诚，不能表里不一。
                   │   还要有社会责任心，可以多参与公
                   │   益活动
                   ├─ 有正面积极的经营管理理念
                   └─ 展示良好的店铺财务状况
```

图 8-14

总之，为了获得粉丝的认可，打造一个好的口碑，诚信经营的理念不能丢。最为重要的是，从道德方面来看，坚守诚信是商家义不容辞的责任，因此想要树立良好的口碑，诚信经营不能少。

8.2.2 用品质说话，获得铁杆粉丝

想要利用粉丝打造口碑，商家就应该保证产品的质量，让消费者为品质而折服，从而逐渐成为产品或店铺的铁杆粉丝。

那么，在具体的打造过程中，商家应该怎样操作呢？笔者将从以下几个方面进行分析。

1. 保证基础质量

能成为一个产品的铁杆粉丝，那么这款产品的基础质量肯定是过关的，因为消费者不可能长时间盲目地追捧一个产品，除非它的核心品质能让人信服。保证产品的基础质量有哪些标准呢？笔者将其总结为如下几点，如图 8-15 所示。

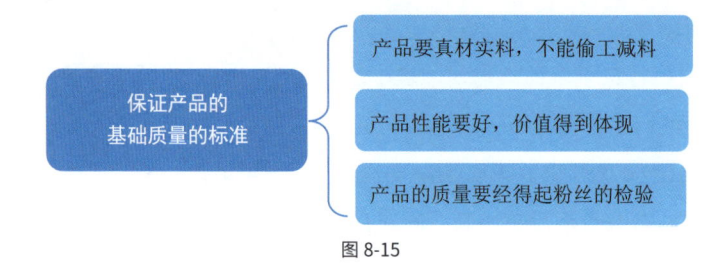

保证产品的基础质量的标准
- 产品要真材实料，不能偷工减料
- 产品性能要好，价值得到体现
- 产品的质量要经得起粉丝的检验

图 8-15

2. 为品质加点"料"

除了保证产品的基础质量，商家还要学会为产品加点"料"，比如个性、品位等。因为随着时代的变化，大多数消费者对产品的品质需求已经发生了改变，更加追求个性化和高品位的产品。

如图 8-16 所示，某化妆品的包装得到了众多消费者的好评，是因为该化妆品在包装上做了升级，包装盒上画有许多的虚线。当消费者收到快递后，可以将包装按虚线制作成一个收纳盒。

图 8-16

当然，在为产品品质加"料"的时候也不能忘了产品的基础品质，因为那是产品的根本。如果将产品的品质与品位、个性相结合，相信粉丝也会蜂拥而至，产品的口碑树立也就容易得多。

8.2.3 用名人效应，扩大粉丝基数

众所周知，"名人效应"的威力无比巨大，想要吸引更多粉丝，扩大粉丝群，让粉丝成为口碑打造的最佳媒介，就应该学会巧妙地利用"名人效应"。

人们总是倾向于相信有名气、有身份、有地位的人，这样的人无论做什么，都会引起大众的广泛关注，而且能有效带动店铺的发展和口碑的树立。

比如小米公司的CEO雷军，就是利用自己的身份、地位吸引粉丝的，他很早以前就开设了自己的新浪微博账号，并在此平台与粉丝积极交流沟通，为小米公司积攒了不少人气，从而有效实现了品牌的传播和口碑的打造，如图8-17所示。

图 8-17

雷军不仅在微博为小米的产品做宣传，而且主动向粉丝们展示自己的业余生活，比如与一些有名人士的交往或者是商业合作等，这些细节都体现了雷军的身份和地位，从而加强了消费者对其的信任，以及对其品牌的依赖。

这样一来，"名人效应"的优势就十分明显了，既宣传了产品，又吸引了众多粉丝，为企业品牌的树立做出了不可磨灭的贡献。

8.2.4 敢于做承诺，并将承诺兑现

信守承诺的人总是容易受到他人的敬佩，同样，勇于承诺并能兑现承诺的商家也会更加容易得到消费者的信任和青睐。通过承诺的方法获得消费者的信任，进而培养属于自己的粉丝群，这样一来就能帮助店铺树立牢固的口碑。

商家在承诺的时候必须坚守的一点就是，无论自身遇到了多大的艰辛，也不能让消费者失望，必须信守承诺。

比如著名企业华为，不仅对产品的品质打造十分用心，而且也十分信守承诺。在 2015 年运输手机途中，货车不幸遭遇意外，为了保证产品的质量，华为决定放弃这批手机。

正是因为华为这种信守承诺的行为，使得广大消费者对其极为信服，更加加深了对企业品牌的好感。这就是信守承诺为企业带来的好处，同时也为企业吸引了大批忠实的粉丝。

8.2.5 福利活动，增强粉丝忠诚度

为了获得粉丝的青睐和支持，就应该多为粉丝发放福利。只有这样，才能把粉丝牢牢抓住，从而为店铺口碑的树立打好基础。

那么，发放福利的方式有哪些呢？笔者将其总结为以下 3 种，如图 8-18 所示。

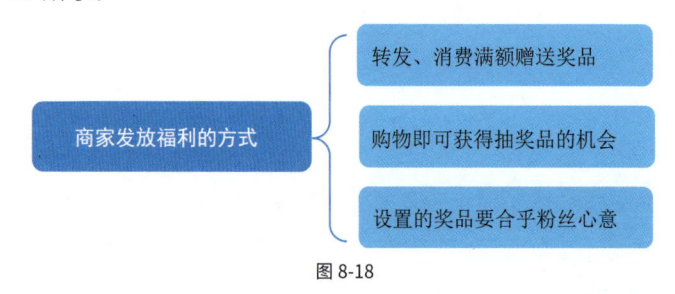

商家发放福利的方式：
- 转发、消费满额赠送奖品
- 购物即可获得抽奖品的机会
- 设置的奖品要合乎粉丝心意

图 8-18

为消费者发放福利可以增强黏性，从而将其发展为店铺的忠实粉丝，为店铺的口碑塑造积累人气。

8.2.6 超高性价比，抓住用户的心

性价比对于消费者而言，永远都是购买产品时需要考虑的重要因素之一。商家想要吸引更多的粉丝，为店铺的口碑打造积聚力量，就应该从性价比入手，牢牢抓住消费者的心。

举个简单的例子，两个同样规模的水果店，一个产品的价格高一些，另一个产品的价格略低一些，价格高的产品虽然单价赚取的利润较高，但卖出的数量少。价格低的产品虽然单价利润低，但胜在价格优势和卖出的数量。

俗话说"薄利多销"，这样的营销方式更容易吸引消费者前来购买产品，从而主动向身边的人推荐该产品。

图 8-19 所示为某商品的评论区，性价比高的产品，用户会毫不吝啬地给予好评，并且再次购买。

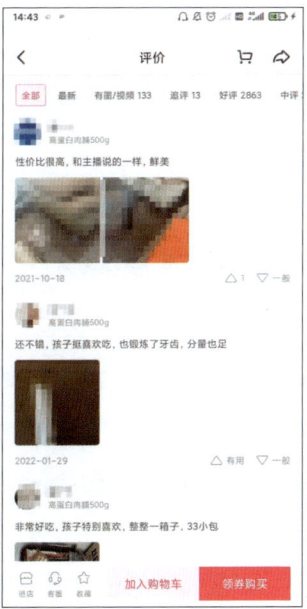

图 8-19

值得注意的是，商家在利用薄利获取价格优势的时候，一定要注重保证产品的质量，不可为了盈利而粗制滥造。不然就算得到了粉丝一时的追捧，时间一长，还是会被无情淘汰。

8.2.7 透明化经营，获得粉丝信赖

"透明"的意思就是公开、毫无保留地把一切信息都展示给广大消费者，这样一来，就能赢得消费者的信任和认同，从而培养忠实粉丝，为店铺口碑的树立打下良好基础。

首先，商家需要明确的是，随着移动互联网不断发展，无论是产品信息，还是产品的生产过程，一切都变得越来越透明化。这样的变化使得消费者对产品的信任度也不断提高，这种信任一天天积累，时间长了也就自然有了口碑。

在移动互联网时代，信息变得透明，商家也可以通过各种"透明"的方式获得消费者的信任，以打造产品和品牌的口碑，如图8-20所示。

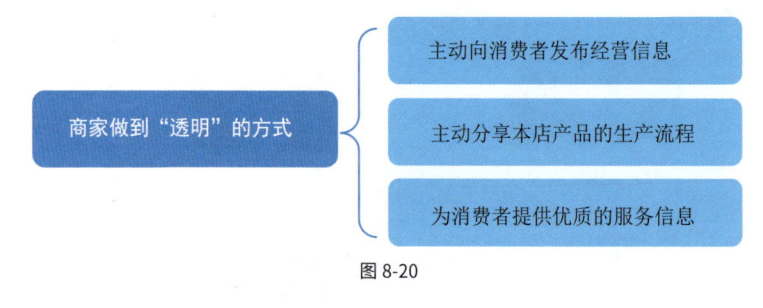

商家做到"透明"的方式
- 主动向消费者发布经营信息
- 主动分享本店产品的生产流程
- 为消费者提供优质的服务信息

图 8-20

其中，做到"透明"最直接的方法就是将产品的生产流程主动向消费者展示，这样既可以引起消费者的兴趣，与商家进行互动，又可以获得消费者的信任，树立口碑，一举两得。

如图8-21所示，商家在视频中将商品生产的流程分享出来，通过这种方式获取用户的信任。

第 8 章 · 口碑：形成自动裂变

图 8-21

Chapter 09

第9章
视频：
场景置入体验

如今随着短视频的兴起，带货能力更好的"种草"视频也开始在各大新媒体和电商平台流行起来。本章将介绍"种草"视频的策划和制作技巧，帮助商家创作让人难以拒绝的"种草"视频。

9.1 "种草"视频：向粉丝推荐好的商品

如今，短视频已经成为新的流量红利阵地，具有高效曝光、快速涨粉和有效变现等优势。在短视频中出现了很多"种草"视频，它们借助短视频的优势为电商产品提供了更多的流量和销量。

9.1.1 电商短视频的 3 种类型

电商短视频主要包括商品"种草"型、直播预热型和娱乐营销型 3 种类型，不同类型的电商短视频其内容定位也有差异，如图 9-1 所示。

- **商品种草型**：主要分为产品口播和产品展示两种表现形式，以突出产品价值和卖点为主，从而对消费者进行导流
- **直播预热型**：包括直播筹备花絮预告、剧情植入直播预告、真人出镜口播预告等表现形式，主要用于为直播间带货导流
- **娱乐营销型**：包括剧情、知识讲解、才艺展示、创业故事、商品测评等表现形式，将剧情的发展与产品营销进行无缝衔接，观众在沉浸于剧情的同时自然而然地记住了其中的广告信息

图 9-1

9.1.2 为什么要发布"种草"视频

相对于图文内容来说，短视频可以使产品"种草"的效率大幅提升。因此，"种草"视频有着得天独厚的带货优势，可以让消费者的购物欲望变得更加强烈，其主要优势如图 9-2 所示。

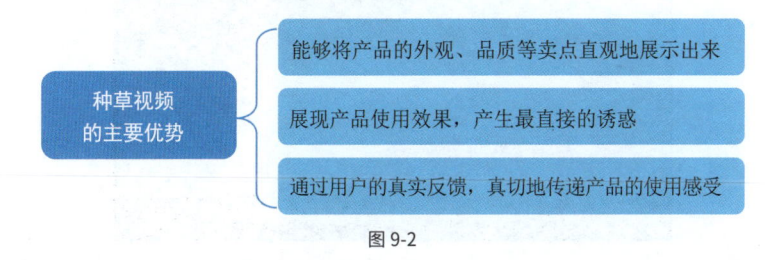

种草视频的主要优势：
- 能够将产品的外观、品质等卖点直观地展示出来
- 展现产品使用效果，产生最直接的诱惑
- 通过用户的真实反馈，真切地传递产品的使用感受

图 9-2

9.1.3 "种草"视频有哪些类型

"种草"视频不仅可以告诉潜在消费者你的产品有多好,还可以快速建立信任关系。"种草"视频的带货优势非常多,其基本类型如图9-3所示。

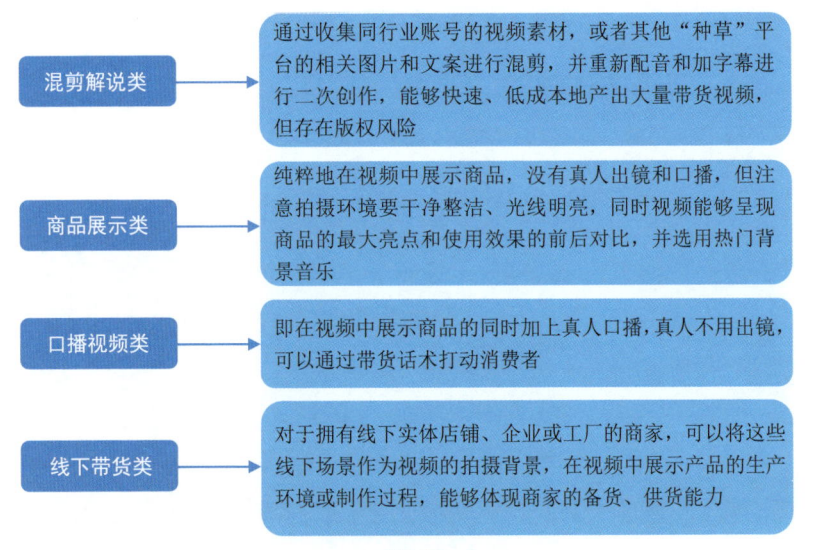

混剪解说类：通过收集同行业账号的视频素材,或者其他"种草"平台的相关图片和文案进行混剪,并重新配音和加字幕进行二次创作,能够快速、低成本地产出大量带货视频,但存在版权风险

商品展示类：纯粹地在视频中展示商品,没有真人出镜和口播,但注意拍摄环境要干净整洁、光线明亮,同时视频能够呈现商品的最大亮点和使用效果的前后对比,并选用热门背景音乐

口播视频类：即在视频中展示商品的同时加上真人口播,真人不用出镜,可以通过带货话术打动消费者

线下带货类：对于拥有线下实体店铺、企业或工厂的商家,可以将这些线下场景作为视频的拍摄背景,在视频中展示产品的生产环境或制作过程,能够体现商家的备货、供货能力

图9-3

如图9-4所示,通过将产品的加工车间作为视频拍摄背景,能够将产品的原始面貌展现给消费者,画面更真实,更容易实现转化。

图9-4

9.1.4 什么样的"种草"视频能火

任何事物的火爆都需要借助外力,而爆品的打造升级也是如此。在这个产品繁多、信息爆炸的时代,如何引爆产品是值得每一个商家思考的问题。

从"种草"视频的角度来看,打造爆款需要做到以下几点,如图9-5所示。

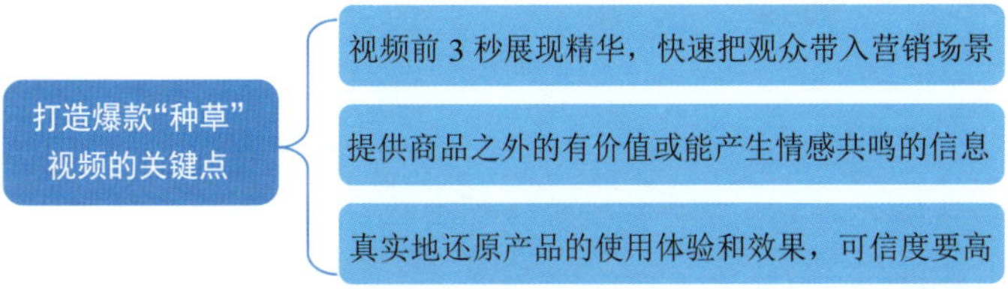

打造爆款"种草"视频的关键点：
- 视频前3秒展现精华,快速把观众带入营销场景
- 提供商品之外的有价值或能产生情感共鸣的信息
- 真实地还原产品的使用体验和效果,可信度要高

图 9-5

9.1.5 制作轮播视频内容的优势和注意事项

如今,大部分商家都制作了轮播视频,当消费者进入产品详情页后,第一眼即可看到这个视频内容。轮播视频比轮播图有更多优势,如图9-6所示。

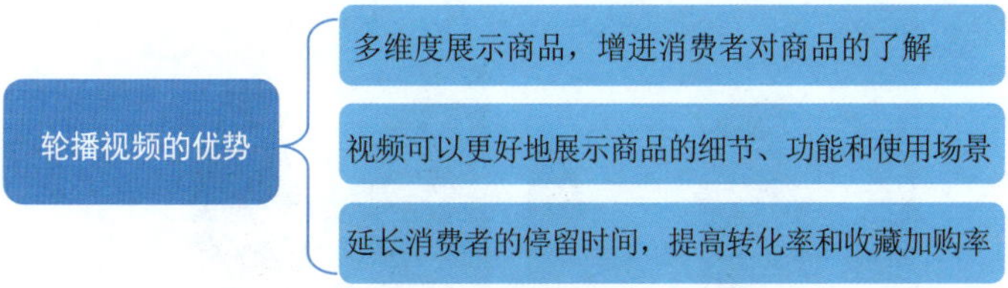

轮播视频的优势：
- 多维度展示商品,增进消费者对商品的了解
- 视频可以更好地展示商品的细节、功能和使用场景
- 延长消费者的停留时间,提高转化率和收藏加购率

图 9-6

不过,很多商家对轮播视频不够重视,制作的视频质量也是良莠不齐。因此,商家在抖音平台发布商品轮播视频时,需要注意下面这些问题,否则难以达到预期的转化效果。

(1) 拍摄背景要干净

在拍摄轮播视频时,商品是最关键的因素,因此背景不能杂乱,否则会影响商品的美观度和展现效果。图9-7所示为背景干净的商品轮播视频画面效果。

图 9-7

（2）用视频记录

以服装类商品为例，通常需要模特穿着服装产品，以便更加直观地展现产品的上身效果。

需要注意的是，商家尽量不要直接用模特摆各种动作的照片制作轮播视频，这样不能真实地体现服装的穿着效果，而应该通过录视频的方式，将模特的动作完整地记录下来，给用户带来更好的观看体验。如图 9-8 所示为商品轮播视频的拍摄现场。

图 9-8

9.2 禁忌和要求：小心别犯这些错误

商家在制作"种草"视频时，对于内容的拍摄和策划一定要满足相关平台的规则，否则可能影响视频的流量，甚至还可能被平台删除或封号。本节将以抖音平台为例，详细介绍"种草"视频的禁忌和要求。

9.2.1 禁忌 1：广告质量问题

"种草"视频尽量不要直接使用商品主图视频，或者为纯商业广告，相关问题如图 9-9 所示。

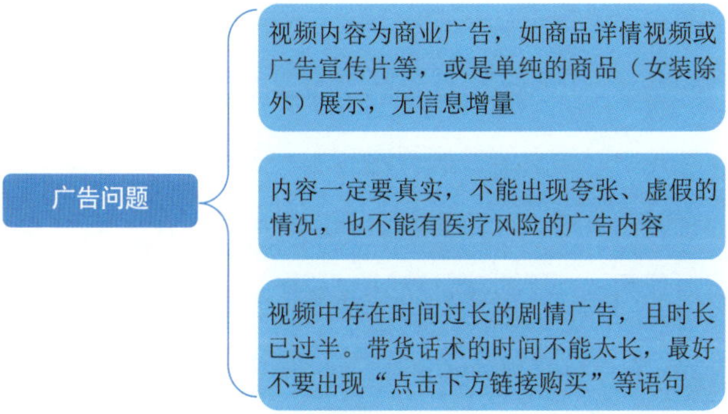

广告问题：
- 视频内容为商业广告，如商品详情视频或广告宣传片等，或是单纯的商品（女装除外）展示，无信息增量
- 内容一定要真实，不能出现夸张、虚假的情况，也不能有医疗风险的广告内容
- 视频中存在时间过长的剧情广告，且时长已过半。带货话术的时间不能太长，最好不要出现"点击下方链接购买"等语句

图 9-9

9.2.2 禁忌 2：内容质量问题

视频的内容质量出现问题，或者内容是毫无价值的垃圾信息，相关问题如图 9-10 所示。

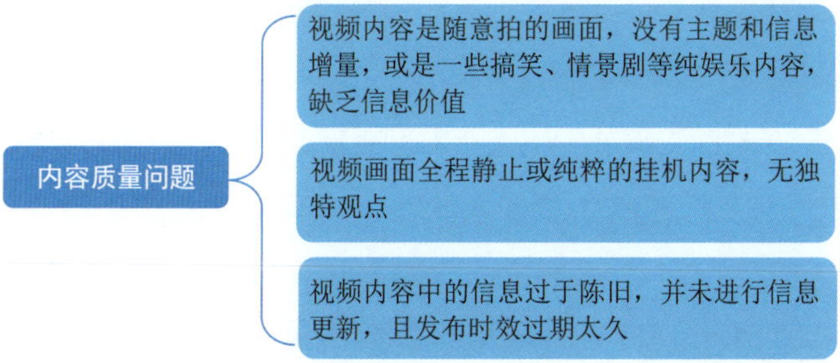

内容质量问题：
- 视频内容是随意拍的画面，没有主题和信息增量，或是一些搞笑、情景剧等纯娱乐内容，缺乏信息价值
- 视频画面全程静止或纯粹的挂机内容，无独特观点
- 视频内容中的信息过于陈旧，并未进行信息更新，且发布时效过期太久

图 9-10

9.2.3 禁忌 3：格式低质问题

如视频的画面非常模糊，无法看清其中的内容，这种明显的格式低质问题视频是无法通过平台审核的。

下面还列出了其他的一些格式低质问题。

- ❖ 视频带有明显的水印，影响观众的观看。
- ❖ 视频画面被严重裁剪，导致画面不完整。
- ❖ 视频的边框部分过大，而主体内容面积太小，不到整体画面比例的 1/3。
- ❖ 视频画面出现倾斜、变形、拉伸、压缩等问题。
- ❖ 视频是直接对着屏幕拍的，或者由简单的图片组成的。
- ❖ 视频中的空白屏、黑屏内容大于 10s。
- ❖ 视频杂音过大，或者长时间没有声音。
- ❖ 对视频进行了过度的变速或变声处理，无法听清其中的内容。

9.2.4 要求：视频封面的标准

要择优选择"种草"视频的封面，同时不能出现上述低质内容，并确保封面图片清晰美观，能够看清其中的人脸、画面细节和内容重点等，相关示例如图 9-11 所示。另外，封面最好不要采用纯色的图片，或者随意截取视频中的某一帧，必须能够展现一定的内容信息。

"种草"视频的封面尺寸为 9∶16，标题要控制在 20 个字以内，不做"封面党""标题党"。

同时，封面文案的配字大小和颜色都要合适，必须能够看清楚，同时不能出现标点错误、错别字等情况，相关示例如图 9-12 所示。

第 9 章 · 视频：场景置入体验

图 9-11

图 9-12

9.2.5 要求：内容优质，画质清晰

"种草"视频可以将日常生活作为创作方向，包含但不限于这几类：穿搭美妆、生活技巧、美食教学、健康知识、家居布置、购买攻略等，如图 9-13 所示。

图 9-13

205

"种草"视频的声音和画质都必须清晰，最好有字幕配置，同时无违规、虚假、站外引流、不当言论、恶心恐怖等内容。"种草"视频的内容须是有意义、有价值的，不能是纯搞笑、纯娱乐、纯音乐或监控录像等内容。

9.3 制作技巧：轻松拉动产品销量

很多视频创作者最终都会走向带货卖货这条商业变现之路，"种草"视频能够为产品带来大量的流量转化，同时也让创作者获得丰厚的收入。本节将介绍"种草"视频的相关制作技巧，帮助创作者快速提升视频的流量和转化率。

9.3.1 标题技巧：快速吸引用户

对于"种草"视频的标题来说，其作用是让用户能搜索、能点击，最终进入店铺产生交易。标题优化的目的则是获得更高的搜索排名，更好的客户体验，更多的免费有效点击量。

在设计"种草"视频的文案内容时，标题决定你的视频是否有足够的理由让用户点击。切忌把所有卖点都罗列在视频标题之上，记住标题的唯一目标是让用户直接点击。下面给大家总结了写好一个"种草"视频标题要注意的几个关键点。

❖ 你要写给谁看——用户定位。
❖ 他的需求是什么——用户痛点。
❖ 他的顾虑是什么——打破疑虑。
❖ 你想让他看什么——展示卖点。
❖ 你想让他做什么——吸引点击。

创作者不仅要紧抓用户需求，而且要用一个精练的文案表达公式提升标题的点击率，切忌絮絮叨叨，毫无规律地罗列相关卖点。

9.3.2 人设定位:规划内容路线

在你准备进入"种草"视频领域,开始注册账号之前,首先一定要对自己进行定位,对将要拍摄的视频内容进行定位,并根据这个定位策划和拍摄视频内容,这样才能快速形成独特鲜明的人设标签。

创作者要想成功带货,还需要通过"种草"视频打造主角人设魅力,让大家记住你、相信你,相关技巧如图 9-14 所示。

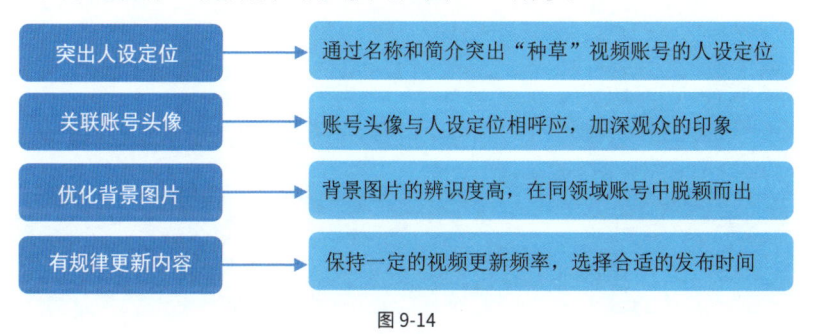

突出人设定位	通过名称和简介突出"种草"视频账号的人设定位
关联账号头像	账号头像与人设定位相呼应,加深观众的印象
优化背景图片	背景图片的辨识度高,在同领域账号中脱颖而出
有规律更新内容	保持一定的视频更新频率,选择合适的发布时间

图 9-14

只有做好"种草"视频的账号定位,我们才能在观众心中形成某种特定的标签和印象。标签指的是短视频平台给用户的账号进行分类的指标依据,平台会根据用户发布的视频内容,为用户打上对应的标签,然后将用户的内容推荐给对这类标签作品感兴趣的观众。这种个性化的流量机制,不仅提升了拍摄者的积极性,而且增强了观众的用户体验。

例如,某个平台有 100 个用户,其中有 50 个人都对美食感兴趣,还有 50 个人不喜欢美食类的短视频。此时,如果你刚好是拍美食的账号,但没有做好账号定位,平台没有给你的账号打上"美食"这个标签,此时系统会随机将你的视频推荐给平台上的所有人。

在这种情况下,你的视频作品被用户点赞和关注的概率就只有 50%,而且由于点赞率过低会被系统认为内容不够优质,而不再给你推荐流量。

相反,如果你的账号被平台打上了"美食"的标签,此时系统不再随机推荐流量,而是精准推荐给喜欢看美食内容的那 50 个人。

这样，你的视频获得的点赞和关注的比例就会非常高，从而获得系统给予更多的推荐流量，让更多人看到你的作品，并喜欢上你的内容。

因此，对于"种草"视频的创作者来说，账号定位非常重要，下面笔者总结了一些账号定位的相关技巧，如图 9-15 所示。

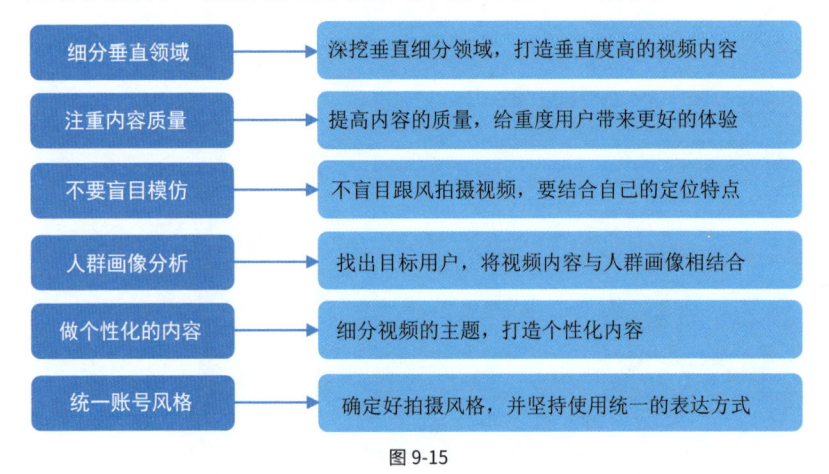

细分垂直领域	深挖垂直细分领域，打造垂直度高的视频内容
注重内容质量	提高内容的质量，给重度用户带来更好的体验
不要盲目模仿	不盲目跟风拍摄视频，要结合自己的定位特点
人群画像分析	找出目标用户，将视频内容与人群画像相结合
做个性化的内容	细分视频的主题，打造个性化内容
统一账号风格	确定好拍摄风格，并坚持使用统一的表达方式

图 9-15

特别提醒：以抖音短视频平台为例，根据某些专业人士分析得出一个结论，即某个视频作品连续获得系统的 8 次推荐后，该作品就会获得一个新的标签，从而得到更加长久的流量扶持。

9.3.3 产品引出：场景植入自然

在"种草"视频的场景或情节中引出产品，这是非常关键的一步，这种软植入方式能够让营销和内容完美融合，让人印象颇深，相关技巧如图 9-16 所示。

简单而言，归纳当前"种草"视频的产品植入形式，大致包括台词表述、剧情题材、特写镜头、场景道具、情节捆绑，以及角色名称、文化植入、服装提供等，形式非常多，不一而足，创作者可以根据自己的需要选择合适的植入方式。

图 9-17 所示的视频就是将产品植入剧情，通过演员以及特写镜头将产品引出。

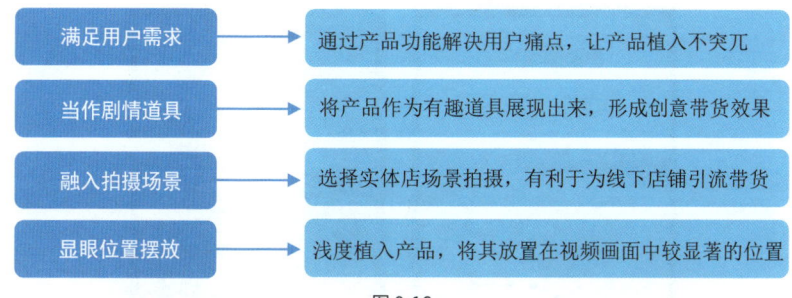

满足用户需求	通过产品功能解决用户痛点,让产品植入不突兀
当作剧情道具	将产品作为有趣道具展现出来,形成创意带货效果
融入拍摄场景	选择实体店场景拍摄,有利于为线下店铺引流带货
显眼位置摆放	浅度植入产品,将其放置在视频画面中较显著的位置

图 9-16

图 9-17

9.3.4 产品功能:形成标签记忆

每个产品都有其独特的质感和表面细节,创作者可以在拍摄的"种草"视频中展示这种质感细节。同时,在视频中展现产品时,创作者可以从功能和用途上找突破口,展示产品的神奇用法,如图 9-18 所示。

"种草"视频中的产品一定要真实,必须符合用户的视觉习惯,最好由真人试用拍摄,这样更有真实感,可以增加用户对你的信任度。

除了简单地展示产品本身的"神奇"功能之处,还可以"放大产品优势",即在已有的产品功能上进行创意表现。

图 9-18

9.3.5 文案创作：踩中用户痛点

"种草"视频的文案相当重要，只有踩中用户痛点的文案才能吸引他们购买视频中的产品。创作者可以多参考如小红书等平台中的同款产品视频，找到一些与自己要带货的产品特点相匹配的文案，这样能够提升创作效率，如图 9-19 所示。

图 9-19

图 9-19（续）

例如，创作者可以在"种草"视频中添加一些"励志鸡汤"的元素，并且结合用户的需求或痛点，从侧面凸显产品的重要性，这样的内容很容易引起有需求的用户产生共鸣，带货效果也非常好。

Chapter 10

第10章
互动：
增加店铺人气

商家要积极参与平台推出的各种活动，同时有效利用红包和优惠券等营销工具，这样不仅可以增加粉丝黏性，活跃直播间氛围，而且通过优惠价格的刺激，加上直播间全方位的商品展示，能有效地提升转化率。

10.1 直播互动：吸引粉丝疯狂参与

商家可以通过平台提供的一些直播间互动功能，增加与粉丝的互动频率，这样不仅能够增加老粉丝的黏性，而且可以迅速留住新观众。

10.1.1 达人购物红包

为了更好地帮助达人提高直播间的销量，增加直播间的热度，抖音平台设置了达人购物红包。该红包是达人能够自主使用的一种营销工具，领取红包的用户只能在相应主播的直播间内进行消费，不可以提现。

目前，达人购物红包的使用范围主要是使用方和使用对象。使用方指的是有电商权限的主播达人创建达人购物红包后，消费者便可以在直播间进行领取，在支付时便可以用该红包进行抵扣。

使用对象指的是当消费者领取了红包后，该红包有一定的使用范围，即只能用于相应的直播间、短视频或是橱窗内指定的产品。达人购物红包有专属性，不能与购物车内其他商品合并付款使用。

主播会将设置好投放时间的购物红包放置在直播间内的左上角或右上角，用户只需点击图标，如图 10-1 所示；点开后，会出现红包开抢倒计时，如图 10-2 所示；时间到了之后，用户点击"抢"按钮，如图 10-3 所示。

图 10-1　　　　图 10-2　　　　图 10-3

抖音电商从入门到精通：选品策略 + 爆款文案 + 客服话术 + 用户体验

用户抢到红包后，可以点击下方的 🛒 图标，如图 10-4 所示；❶点击"更多"按钮，❷选择"卡券红包"选项，如图 10-5 所示。

图 10-4　　　　　　图 10-5

执行操作后，选择"购物红包"选项，如图 10-6 所示；点击"去使用"按钮，如图 10-7 所示。

图 10-6　　　　　　图 10-7

执行操作后，回到直播间，点击🛒图标，如图 10-8 所示，点击"领券抢购"按钮，如图 10-9 所示。

图 10-8

图 10-9

达人购物红包除了能够留住用户以外，还有很多的价值，如互动价值、订单价值、营销价值，如图 10-10 所示。

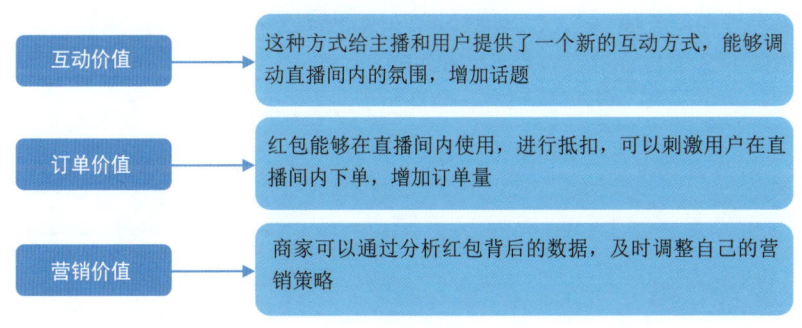

互动价值	这种方式给主播和用户提供了一个新的互动方式，能够调动直播间内的氛围，增加话题
订单价值	红包能够在直播间内使用，进行抵扣，可以刺激用户在直播间内下单，增加订单量
营销价值	商家可以通过分析红包背后的数据，及时调整自己的营销策略

图 10-10

10.1.2 达人专属营销

一个商家可能会与多个达人进行直播推广合作，如果这些达人同时进行推广，便会出现链接过多不好处理的情况。达人专属营销便可

抖音电商从入门到精通：选品策略＋爆款文案＋客服话术＋用户体验

以帮助商家针对不同的达人设置专属价格、专属库存以及专属赠品，开启"同商品＋不同渠道＋同时不同价"的带货新模式。

商家可以在"抖店→营销中心"页面中，❶选择"营销工具"选项；❷选择"达人专属营销"选项；❸单击"立即新建"按钮，如图 10-11 所示。

图 10-11

在达人专属营销中，可以设置达人专属券，能够帮助商家、达人更好地推销产品，减少产品库存。达人专属券可以在以下 3 个场景使用，不同的场景有着不同的方式以及作用，如图 10-12 所示。

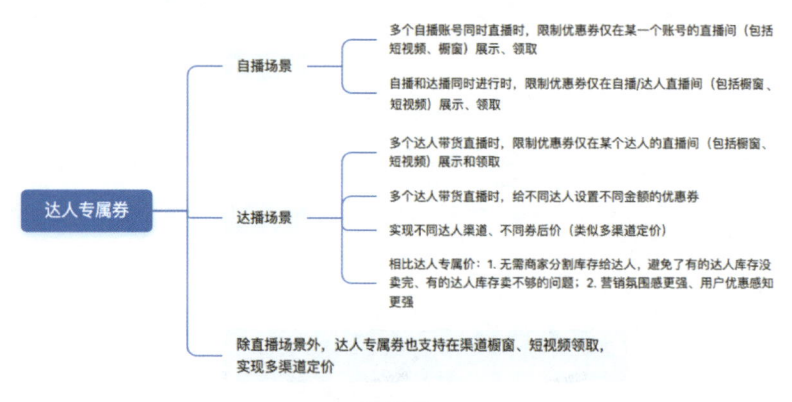

图 10-12

10.1.3 "超级福袋"抽奖

"超级福袋"抽奖活动是通过主播引导用户完成不同的任务，如看直播的时长、发布指定口令等，而获得参与抽奖活动的资格。它是一款在电商场景下的专有营销互动工具，既能帮助主播增强直播间的氛围，也能促进销量。图 10-13 所示为"超级福袋"抽奖直播间。

图 10-13

与其他福袋相比，"超级福袋"没有发放的数量限制，发放更加灵活。此外，"超级福袋"还有以下 3 点优势，如图 10-14 所示。

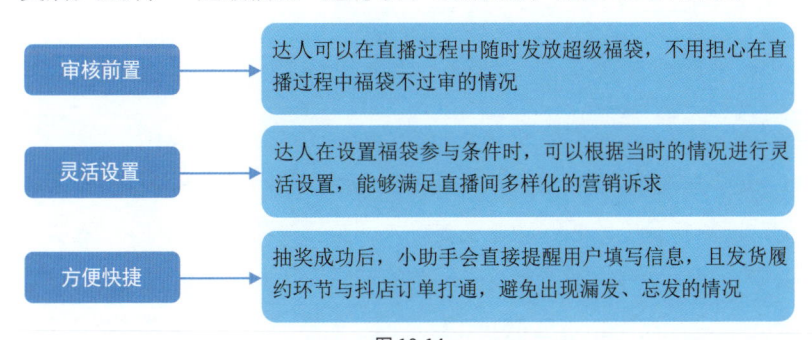

审核前置	达人可以在直播过程中随时发放超级福袋，不用担心在直播过程中福袋不过审的情况
灵活设置	达人在设置福袋参与条件时，可以根据当时的情况进行灵活设置，能够满足直播间多样化的营销诉求
方便快捷	抽奖成功后，小助手会直接提醒用户填写信息，且发货履约环节与抖店订单打通，避免出现漏发、忘发的情况

图 10-14

那么，要满足哪些条件才能使用"超级福袋"呢？主要有以下 3

个条件，如图10-15所示。

图10-15

值得注意的是，商家需要提前在"巨量百应"平台开通抽奖功能。商家在"巨量百应"页面，❶选择"营销管理"选项；❷选择"超级福袋"选项；❸勾选复选框；❹单击"立即开通"按钮，如图10-16所示。

图10-16

10.1.4 闪购功能

闪购功能，顾名思义，指的是帮助商家和用户之间快速成交下单的功能。抖音中的闪购功能主要分为两类：一类是全量闪购，这类能够向直播间所有的消费者发送闪购的邀请。另一类是定向闪购，这类是向特定的消费者发送闪购邀请。下面我们看一下这两类的操作方法。

1．全量闪购

商家进入"巨量百应"平台，❶选择"直播管理"选项；❷选择"闪购"选项；❸在"新建闪购"栏目下单击"全量类型"按钮，如图 10-17 所示。

图 10-17

执行操作后，❶填写好需要进行闪购产品的信息；❷单击"新建"按钮，如图 10-18 所示。

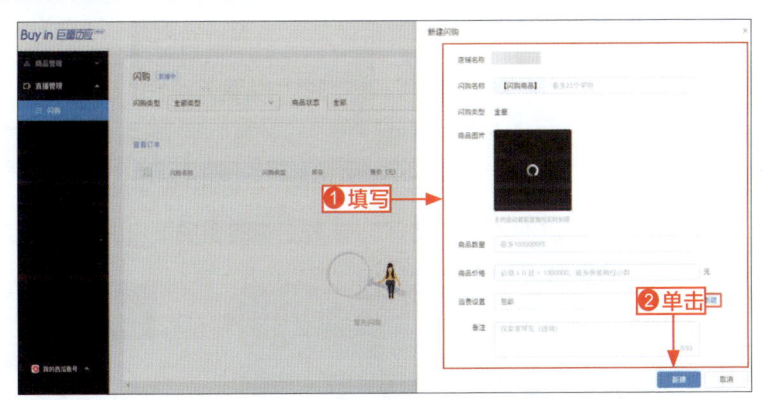

图 10-18

2．定向闪购

商家进入"巨量百应"平台，❶选择"直播管理"按钮；❷选择"闪购"按钮；选择指定用户评论，❸单击➕按钮，如图 10-19 所示。

图 10-19

10.1.5 直播间粉丝券

直播间粉丝券是一种定向优惠券，是由商家或达人在直播间内发布，仅限粉丝才能领取的优惠券。粉丝券是由商家自行创建，金额由商家支付，并且粉丝券是不可以与其他的优惠券叠加使用的。

商家可以设置店铺粉丝专享券，也可以设置达人定向粉丝券。店铺粉丝专享券只能由关注了对应的抖音号的粉丝领取。

而达人定向粉丝券则是在商家与达人合作的情况下，由达人在其直播间发放，而新用户则需要在直播间关注达人才能领取。

下面我们看一下店铺粉丝专享券和达人定向粉丝券怎么设置。

1. 店铺粉丝专享券

商家进入抖店后台后，选择"营销中心"选项，如图 10-20 所示。

执行操作后，❶选择"营销工具"选项；❷选择"优惠券"选项；❸单击"新建批次券"按钮，如图 10-21 所示。

第 10 章 · 互动：增加店铺人气

图 10-20

图 10-21

在"新建批次券"页面选择"粉丝专享券"选项，如图 10-22 所示。

图 10-22

执行操作后，页面下方出现券设置版面，❶商家按照要求进行设置；❷设置后，单击"提交"按钮，如图 10-23 所示。

221

图 10-23

2. 达人定向券

在商家与达人合作的情况下，可以选择创建"达人定向券"。在"新建批次券"页面选择"达人定向券"选项，如图 10-24 所示。

图 10-24

执行操作后，页面下方出现券设置版面，❶商家按照要求进行设置；❷设置后，单击"提交"按钮，如图 10-25 所示。

值得注意的是，达人定向券中的领取用户限制一栏里面有"全部用户可领"和"仅达人粉丝可领"两个选项。当选择"仅达人粉丝可领"的时候，需要达人提供达人 uid。

达人怎么获取 uid 呢？首先进入抖音 App，点击"我"按钮，如图 10-26 所示；点击 按钮，如图 10-27 所示；点击"设置"按钮，如图 10-28 所示。

第 10 章 · 互动：增加店铺人气

图 10-25

图 10-26　　　　图 10-27　　　　图 10-28

将设置页面下拉到底，点击"抖音 version19.7.0"，如图 10-29 所示；执行操作后便出现了 uid，如图 10-30 所示。

特别提醒　达人 uid（user identification，用户识别）类似于抖音的 id 号，是达人的身份证明，因此 uid 具有唯一性。当 uid 用户注册了抖音账号后，系统便会自动生成一个 uid 数值。

223

抖音电商从入门到精通：选品策略＋爆款文案＋客服话术＋用户体验

图 10-29 　　　　　　　图 10-30

值得注意的是，iOS 系统手机需在灰色字体处使用三根手指点击 4 次，安卓系统手机需在灰色字体处单指点击 5 次，即可出现抖音 uid。

那么，用户在哪里领取直播间粉丝券呢？当用户进入直播间后，点击左上方的　图标，如图 10-31 所示。点击"立即关注"按钮，如图 10-32 所示。

图 10-31 　　　　　　　图 10-32

执行操作后，用户便领券成功了，点击"立即用券"按钮，如

224

图 10-33 所示。之后便会弹出商品列表，点击"领券抢购"按钮，如图 10-34 所示。

图 10-33

图 10-34

10.1.6 直播间优惠券

抖音直播间优惠券主要有 3 种类型，分别是平台券、主播券和商家券，如图 10-35 所示。

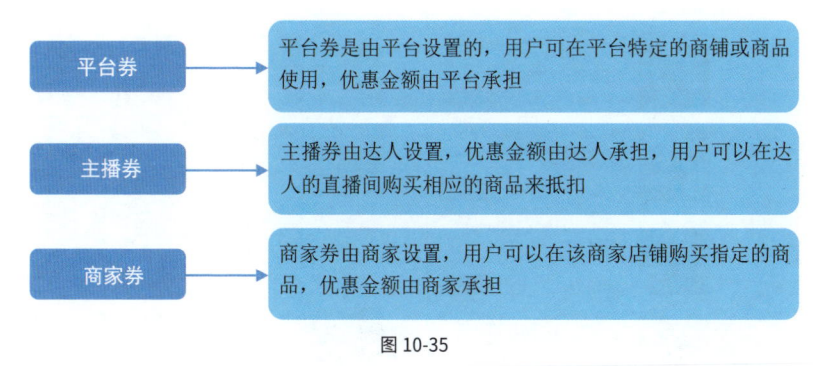

平台券 → 平台券是由平台设置的，用户可在平台特定的商铺或商品使用，优惠金额由平台承担

主播券 → 主播券由达人设置，优惠金额由达人承担，用户可以在达人的直播间购买相应的商品来抵扣

商家券 → 商家券由商家设置，用户可以在该商家店铺购买指定的商品，优惠金额由商家承担

图 10-35

值得注意的是，商家券根据不同场景以及人群，还包含着商品优惠券、全店通用券、店铺粉丝券、店铺新人券、达人粉丝券、达人专属券、

客服专享券、自有渠道券、会员开卡礼、团长活动券等 10 种优惠券，如图 10-36 所示。

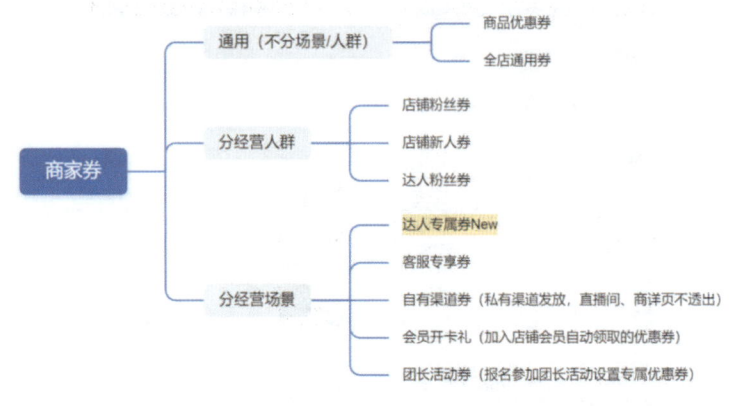

图 10-36

此外，优惠券还包括满减券、直减券和折扣券。图 10-37 所示为设置了满减券的直播间。

图 10-37

10.1.7 求讲解功能

有的观众是中途进入直播间的，或者有的观众突然有事，正好错过了自己喜欢的那个产品的讲解，而求讲解功能就可以帮助观众向达人提出申请，让达人再讲解一次。达人能够在中控台观看产品求讲解的次数，因此可以帮助达人及时调整直播的节奏，提升产品的转化率。

在直播之前，达人需要先在"巨量百应"后台开启求讲解的功能。达人进入"巨量百应"平台，❶选择"基础设置"选项；❷选择"直播设置"选项；❸在"观众求讲解"选项中单击"允许"按钮，如图 10-38 所示。

图 10-38

值得注意的是，该功能只能是白名单用户才能使用。

10.1.8 直播间奖励活动

直播间奖励活动也是帮助优质商家以及达人提高直播热度、提升直播间转化率的一种活动。在商家或者达人刚开始直播的时候，平台会引导一些高质量的用户进入直播间，来提升直播间的流量，实现直播间更多的订单转化。

图 10-39 所示为直播间奖励活动流程，主要分为 8 个阶段。

图 10-39

10.2 活动玩法：提高用户下单的积极性

商家可以利用抖音平台的一些活动增加观众停留的时长，这样才能有互动、点击、加购和转化的可能，同时还能为直播间吸引大量的"铁粉"。各种活动的开展能够活跃直播间氛围，让观众产生信任感，从而达到吸粉和提升销售额的目的。

10.2.1 拍卖活动

线上直播拍卖是一种通过在线上直播间竞价来达成交易的方式，抖音平台便可以进行线上直播拍卖。这种拍卖突破了地域的限制，各地的用户都可以通过网络参与竞拍。

与传统的拍卖相比，这种拍卖活动大幅度地缩短了拍卖的周期，也减少了租用场地的成本。

一般来说，珠宝玉石、古董书画等行业的商家才会使用拍卖功能，而只有有拍卖资质的拍卖行，且被平台定向邀请的商家才能使用该功能。图 10-40 所示为直播间拍卖活动的出价过程。

图 10-40

10.2.2 秒杀活动（限时限量购）

秒杀活动指的是在一定的时间内让用户抢购低于原价的特定产品，这种活动往往能够给用户带来一种紧迫感，让用户来不及思考便已经下单。

秒杀活动是指用户在一段时间内进行抢购，而等到产品全部售完或超过时间，商品便会恢复原价，因此这种活动也称为"限时限量购"。图 10-41 所示为设置了秒杀活动的直播间。

图 10-41

10.2.3 拼团活动

拼团活动实际上是想达到一个薄利多销的效果。该活动通过用户推荐给身边朋友一起拼团的方式吸引更多的用户，营造一种促销的氛围，刺激用户下单，如图 10-42 所示。

图 10-42

那么，拼团活动具体有哪些好处呢？如图 10-43 所示。

拼团活动的好处：
- 拼团活动通过低价的方式销售商品，能够刺激用户的购买欲望
- 拼团活动引起用户分享直播间的行为能够给该直播间以及商家带来更多的热度
- 拼团活动能够通过设置拼团的人数以及时间，帮助商家平衡成本与利益

图 10-43

目前来说，拼团活动的具体操作流程如图 10-44 所示。

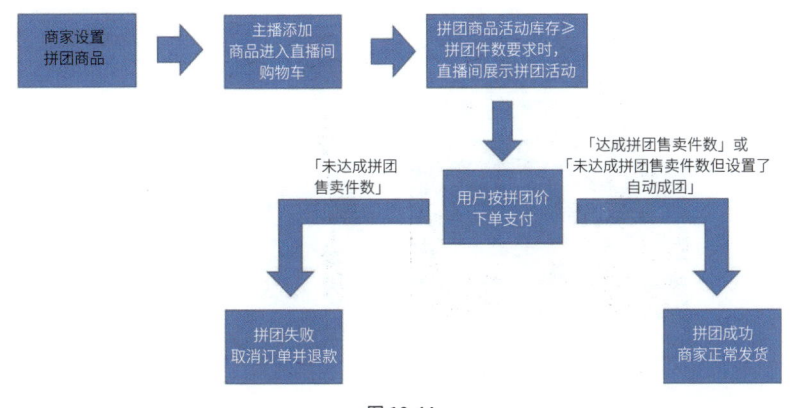

```
商家设置      主播添加          拼团商品活动库存≥
拼团商品  →  商品进入直播间  →  拼团件数要求时，
              购物车            直播间展示拼团活动
                                      ↓
        「未达成拼团      用户按拼团价      「达成拼团售卖件数」或
         售卖件数」       下单支付         「未达成拼团售卖件数但设置了
                                          自动成团」
              ↓                              ↓
         拼团失败                         拼团成功
         取消订单并退款                    商家正常发货
```

图 10-44

值得注意的是，拼团活动还存在着一些限制，如图 10-45 所示。

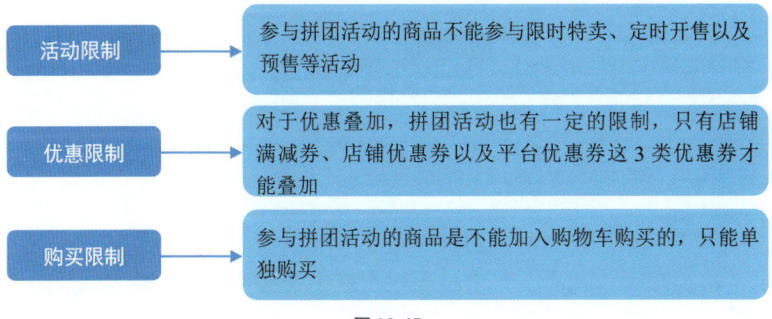

活动限制 → 参与拼团活动的商品不能参与限时特卖、定时开售以及预售等活动

优惠限制 → 对于优惠叠加，拼团活动也有一定的限制，只有店铺满减券、店铺优惠券以及平台优惠券这 3 类优惠券才能叠加

购买限制 → 参与拼团活动的商品是不能加入购物车购买的，只能单独购买

图 10-45

10.2.4 定时开售活动

定时开售活动可以说是一种宣传预热活动，商家提前将自己的商品上架，用户看到自己喜欢的商品可以进行收藏、预约，如图 10-46 所示。

定时开售活动一方面可以让商家提前了解自己商品的热度和预估销量，以便提前准备库存；另一方面，通过预热的方式以及平台召回用户的功能提高用户的回访量和销量。

图 10-46

10.2.5 促成交活动

促成交活动是抖音平台帮助商家促进订单成功交易的一种活动，其主要有两种方式，一是由单品售卖转向套装售卖，二是通过两种带货策略对比，激发用户的获利感。

1. 单品转向套装售卖

以高价位的大衣为例，单品售卖的价格是 500 元一件。而在直播间，用户用同样的价格可以买到大衣、打底衫、打底裤。同样的价格，用户购买到的东西却更多，便会给用户一种"超值"感，让用户毫不犹豫地下单。

2. 带货策略对比

这种方式是通过将两种策略进行对比，激发用户的获利感，提升直播间的下单率。

以护肤品水乳为例，在直播间有两种购买方式，一种是 189 元买水乳送面膜，另一种是 199 元买水乳送面膜和面霜，并且限量前 50 名。通过两种方式对比，用户会觉得后者更加划算，且通过限量的方式，用户会更为迫切地购买，从而提升了直播间的下单量。

10.2.6 裂变营销活动

裂变营销活动是一种新的直播间引流方式，通过"分享领券"的方式刺激消费者分享直播间，帮助直播间引流，增加直播间人气。

目前来说，所有在正常经营状态下的商家都可以创建该活动。商家登录"巨量百应"平台，❶选择"直播管理"选项；❷选择"直播中控台"选项；❸单击"分享裂变券"按钮，如图 10-47 所示。

图 10-47

10.2.7 定金预售活动

定金预售活动是指用户先预支一部分定金预定商品的活动。目前，像在双 11、双 12 等促销活动中，定金预售的方式比较常见，如图 10-48 所示。

定金预售活动比较适合一些涉及当季农产品、水果等商品采摘、收购、加工等环节的商家，或是一些涉及优化制造业生产供应链环节的商家。

图 10-48

目前来说，在正常经营状态下的小店商家都是可以参与定金预售活动的，但是并不是店铺内所有的商品都能够参与。满足以下 3 种条件的商品才能够参加定金预售活动，如图 10-49 所示。

小店商品参与定金预售的条件：
- 商品是符合售卖规则的，不能是禁止售卖的商品
- 对商品的价格有一定要求，价格必须不低于 50 元
- 不是仅支持货到付款的商品

图 10-49

10.2.8 百亿补贴活动

百亿补贴是通过官方补贴的方式让商品的价格下降，是平台向用户长期举办的让利活动，用户可以直接购买降价后的商品。

那么，抖音平台百亿补贴的入口在哪里呢？用户进入抖音首页后，点击右上方的 🔍 按钮，如图 10-50 所示。进入搜索页面后，❶在搜索框中输入"百亿补贴"；❷点击"搜索"按钮，如图 10-51 所示。

第 10 章 · 互动：增加店铺人气

执行操作后，点击"百亿补贴"专区，如图 10-52 所示，进入"百亿补贴"专区，如图 10-53 所示。可以看到，每个商品的价格详情处都会标出参考价和补贴价两个价格。

图 10-50

图 10-51

图 10-52

图 10-53

235

10.2.9　大促活动

大促活动指的是好物年货节、抖音 818 新潮好物节、春节不打烊等大型促销活动，商家可以利用这些活动提高自己店铺的销量。

例如，抖音"3·8"女王节大促活动期间，商家可以参与本次的大促活动。此外，在本次的大促活动中，还有"抖音支付""翻牌互动游戏"等活动，如图 10-54 所示。

图 10-54

10.2.10　多件优惠活动

日常生活中，奶茶店通常会开展"第二杯半价""第二杯免费"等活动，这便是多件优惠活动。在抖音平台，多件优惠活动主要包括"第二件半价""第二件 0 元""自定义第 N 件优惠"等 3 种类型，如图 10-55 所示。

当用户在直播间查看商品列表时便可以看到商品是否参加了多件优惠活动。图 10-56 所示为直播间商品列表，在这个列表中便可以看到有的商品参加了多件优惠活动。

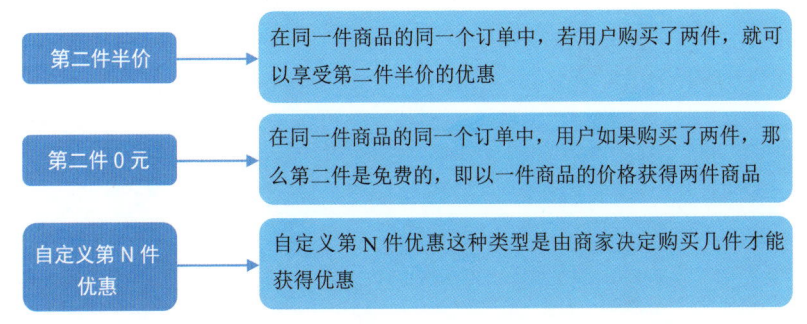

第二件半价	在同一件商品的同一个订单中，若用户购买了两件，就可以享受第二件半价的优惠
第二件 0 元	在同一件商品的同一个订单中，用户如果购买了两件，那么第二件是免费的，即以一件商品的价格获得两件商品
自定义第 N 件优惠	自定义第 N 件优惠这种类型是由商家决定购买几件才能获得优惠

图 10-55

图 10-56

那么，多件优惠活动的创建入口在哪里呢？商家可以在抖店的营销中心页面进入多件优惠活动来创建。❶选择"营销工具"选项；❷选择"多件优惠"选项；❸单击"立即新建"按钮，如图 10-57 所示。

抖音电商从入门到精通：选品策略 + 爆款文案 + 客服话术 + 用户体验

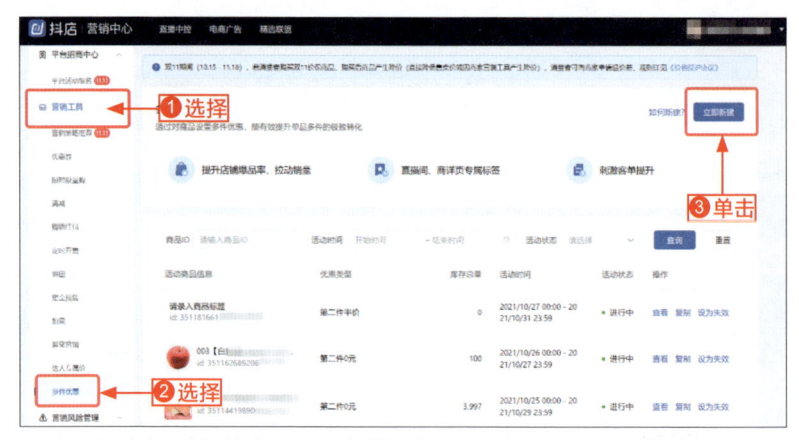

图 10-57

当商家需要取消多件优惠活动的时候，进入"抖店→营销中心"页面，①选择"营销工具"选项；②选择"多件优惠"选项；③在需要取消多件优惠活动的商品后面选择"设为失效"选项，如图 10-58 所示。

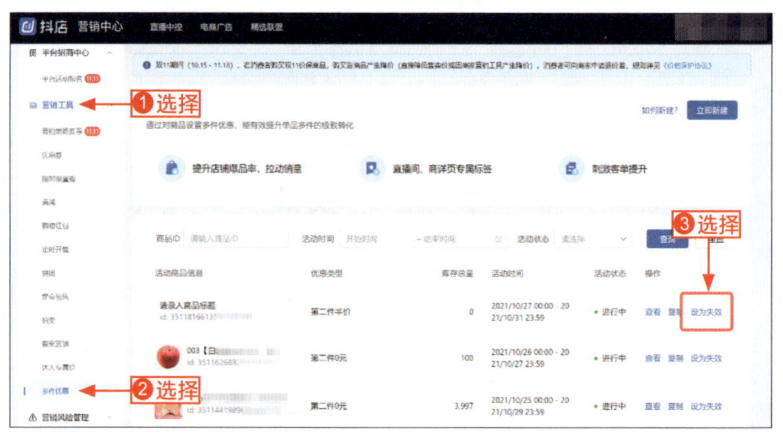

图 10-58